À ma petite-fille Zohra

-*- -*-

Auteur : Pierre Delaine
Illustrations des énigmes : Denis Dugas
Illustrations de couverture, des cartes et des frises : Alexandre Honoré

-*- -*-

Directeur : Sarah Kœgler-Jacquet
Responsable de pôle : Sandra Berthe
Responsable artistique : Florent Salaün
Éditeur : Marion Lambert
Assistante d'édition : Astrid Richard
Suivi éditorial : Colibri Éditions, Édiclic
Conception de maquette et exécution : David Alazraki
Maquette de la couverture : Sonia Blanchard
Correction : Marie-Paule Rochelois
Remerciements : Clémentine Coudray

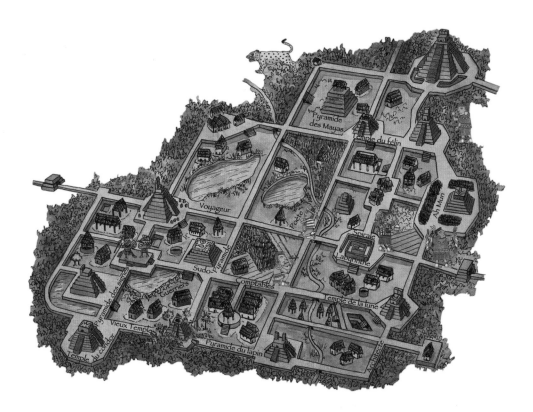

LA CITADELLE DE MACHU PICCHU

Tu vas pénétrer dans la citadelle sacrée des Incas pour y trouver le trésor caché.

Elle a été redécouverte en 1911 par Hiram Bingham, un explorateur aventurier qui a servi de modèle pour le personnage d'Indiana Jones dans le film *Les Aventuriers de l'Arche perdue*.

La porte de la citadelle va te sembler bien petite et les rues bien étroites, mais il faut te souvenir que les Incas n'avaient pas de chevaux ni même de véhicules à roues : ils n'avaient simplement pas inventé cette roue qui nous semble essentielle.

Ils portaient tout à dos d'homme ou à dos de lama, sorte d'âne-mouton à long cou - tu vas en rencontrer.

À toi de découvrir la ville. Tu vas avancer en trouvant la solution des énigmes qui sont semées dans les rues et dans les temples. Tu vas aussi découvrir un premier indice qui t'aidera plus tard à trouver le trésor final. N'oublie pas que tu as une carte, sur laquelle tu pourras suivre ton chemin pour éviter de te perdre. La carte se trouve dans l'enveloppe. Ouvre-la maintenant et rends-toi à la page suivante, à la porte de la citadelle. La première énigme t'attend...

1. L'ESPRIT GARDIEN DE LA PORTE

À la porte, l'esprit du Grand Inca se dresse devant toi et t'interdit l'entrée de la citadelle. Il exige que tu obtiennes d'abord la permission des esprits de son peuple disparu. Il t'indique ce que tu dois faire par une phrase où les mots se sont desséchés comme des momies. Il ne subsiste plus que leur squelette : les consonnes. À toi de reconstituer la phrase-mystère !

VISITE LE
CIMETIÈRE
VERS LE SUD
DE MA
CITADELLE

Regarde la carte et rends-toi au lieu désigné en réponse pour commencer l'aventure !

2. LES LAMAS

Tu t'es approché(e) d'un lama pour voir de près cette bête exotique. Sois prudent(e) car les lamas sont réputés pour leur mauvais caractère et n'hésiteront pas à te cracher dessus s'ils sont mécontents. D'autres animaux à 4 pattes vivent dans les montagnes autour de Machu Picchu : par exemple la vigogne, le guanaco, le chinchilla, la viscache, le puma, l'alpaga, le tapir et le cobaye ou la moufette. Lesquels sauras-tu écrire sur les cases vides de cette grille, en t'aidant des lettres déjà posées ?

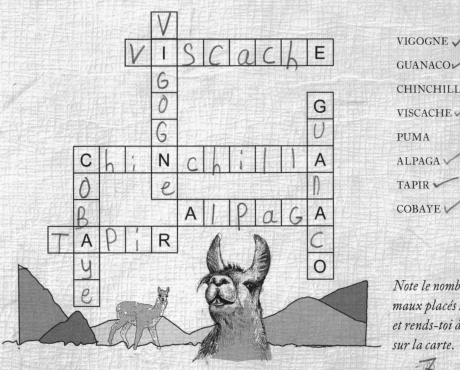

VIGOGNE ✓
GUANACO ✓
CHINCHILLA ✓
VISCACHE ✓
PUMA
ALPAGA ✓
TAPIR ✓
COBAYE ✓

Note le nombre d'animaux placés sur la grille, et rends-toi à ce numéro sur la carte.

3. LA MAISON DU GARDIEN

Le gardien te donne l'autorisation de pénétrer dans la citadelle, mais sous forme d'énigme. Tu dois la déchif-frer. Pour cela, fais tomber chaque lettre dans une case vide afin de reconstituer la phrase.

```
D U A L S U L A E N I R A R
T D L P E   X     C T T E
E   N E
```

Tu peux entrer
dans ta cita-
delle

Compte le nombre de mots de la phrase et rends-toi à ce numéro sur la carte.

7

4. LA PLACE SACRÉE

Sur la place sacrée, tu te tournes vers le nord et tu regardes les murs du temple aux 3 Fenêtres. À tes pieds se trouve un énorme rocher, qui servait d'autel pour les sacrifices magiques.

Tu remarques que 3 traits droits ont été tracés sur le sol, dont une partie est cachée par le rocher-autel. Sous le rocher, les traits se coupent. Combien de triangles forment-ils et qu'il serait possible de voir si le rocher était ôté ? À résoudre sans tracer les traits sur la page bien sûr !

Multiplie le nombre de lignes par le nombre de fenêtres et rends-toi au numéro correspondant sur la carte. 9

5. INTIHUATANA

Au sommet de la pyramide tu découvres l'Intihuatana. Cette pierre magique est là pour « accrocher » le soleil à la cité. 2 fois par an, à midi, les jours d'équinoxe où la nuit est exactement aussi longue que le jour, la pierre centrale de l'Intihuatana n'a plus d'ombre. Elle est exactement dans la direction du soleil. Pour rétablir l'image et voir clairement le lien de la citadelle avec le soleil, 4 morceaux doivent échanger leurs places. Lesquels ?

Le nombre de carrés déplacés correspond au numéro auquel tu dois te rendre sur la carte.

6. LA PORTE, ENTRÉE DE LA CITADELLE

À la porte, l'esprit du Grand Inca accepte ton laissez-passer et te donne une carte de la ville. Cette carte est marquée d'un pli horizontal et d'un pli vertical. Tu n'auras le droit de t'en servir que si tu peux dire de combien de manières différentes il est possible de plier cette carte.

Note le nombre de plis trouvé, multiplie-le par deux et rends-toi au numéro correspondant sur la carte. 8

7. AU PIED DE LA PYRAMIDE

Tu commences à grimper les grands escaliers pour avoir une vue d'ensemble de la ville.

Arrivé à mi-parcours, pour bien montrer que tu as réussi à t'élever, bien au-dessus du serpent, tu composes une pyramide de mots, qui va de SERPENT à NET. À chaque ligne, sacrifie une lettre et réarrange les lettres qui restent.

Compte le nombre de mots sur la pyramide et rends-toi à ce numéro sur la carte.

5

8. LE ROC FUNÉRAIRE

Le Roc funéraire, où étaient célébrés les rites funèbres, a symboliquement 3 marches. Elles représentent le serpent, le jaguar et le condor : la trilogie mystique des Incas, le corps, l'intelligence et l'esprit.

Au-dessus du Roc funéraire sacré, flotte un diagramme de chiffres. Tu peux y trouver plusieurs nombres de 3 chiffres, qui sont tous multiples de 3. Trouves-en au moins 7 pour aller à l'énigme suivante. Indice : souviens-toi qu'un nombre est un multiple de 3 quand la somme des ses chiffres est divisible par 3. Par exemple, 468 est multiple de 3 parce que 4 + 6 + 8 = 18, qui est divisible par 3.

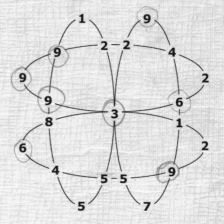

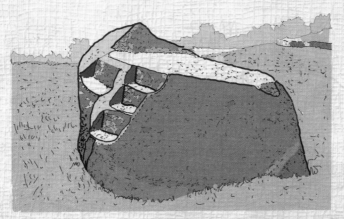

Rejoins le numéro de la carte correspondant au nombre de marches du roc funéraire.

9. LE GRAND TEMPLE

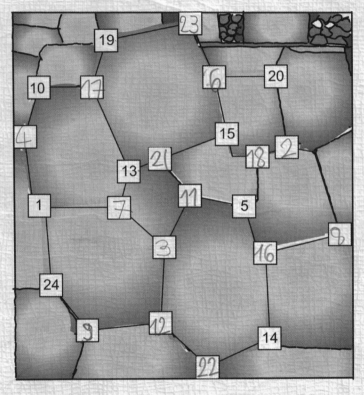

Un assemblage de pierres te fascine. Il évoque pour toi la version inca du sudoku. Ici, il faut finir de placer dans les cases tous les nombres de 1 à 24 en faisant bien attention de ne pas poser deux nombres qui se suivent sur le pourtour d'une même pierre. Par exemple 5 et 6 doivent être sur des pierres différentes, comme 12 et 13.

Rends-toi sur la Place des étoiles pour poursuivre ton aventure.

10. LA FONTAINE

L'eau coulant dans cette fontaine aboutit plus bas dans la rivière Urubamba, considérée comme la Vallée sacrée des Incas. Les sept sites les plus remarquables de cette vallée sont : Písac, Huchuy, Qosqo, Yucay, Chichubamba, Pumahuanca, Ollantaytambo, Moray. Un de ces 7 sites ne peut pas s'écrire en utilisant les 25 lettres figurant sur la paroi de la fontaine. Lequel ?

PÍSAC ✓
HUCHUY ✓
QOSQO ✓
YUCAY ✓
CHICHUBAMBA ✓
PUMAHUANCA ✓
OLLANTAYTAMBO
MORAY ✓

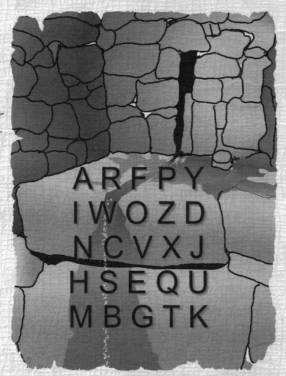

A R F P Y
I W O Z D
N C V X J
H S E Q U
M B G T K

Compte trois fois la hauteur de la grille de lettres et rends-toi au numéro correspondant sur la carte.

12

11. LE TEMPLE DU SOLEIL

Sur cette terrasse ronde, tu parviens au plus sacré des lieux de cette citadelle : le temple du Soleil. Son architecture en forme de P t'invite à imaginer des adjectifs pouvant s'appliquer au soleil et commençant par P. Combien en trouveras-tu parmi les 7 qui sont dans cette grille ? Ils sont lisibles horizontalement ou verticalement.

```
Z E R N I C E R V E N T
E P A L E R E I O N E P
V E R S U N D I P E R E
P R O T E C T E U R A N
R M P O P A I S I B L E
E A L A L U C O S U E T
B N E R E L I U S S E R
U E G A I P U S A T R A
I N E L N R I P N E S N
N T U F J E Y S T V O T
S R E R H U P S M O G A
T E R O B S X E P N T E
```

5

Compte le nombre de lignes de la grille et rends-toi au numéro correspondant sur la carte.

12

12. LA TOMBE ROYALE

Sous le temple du Soleil, te voici arrivé(e) à la tombe royale. Ici, des rois reposent sous les pierres, qui célèbrent leur mémoire. En parlant de mémoire, comment est la tienne? Voici un test.

Seras-tu capable de récrire ici le message que le Grand Inca t'a demandé de déchiffrer quand tu es arrivé(e) pour la première fois à la porte de la citadelle? Sans aller voir la première page!

V i s i t e   l e
c i m e t i è r e   V e r s
l e   s u d   d e   m a
c i t a d e l l e

Additionne les cases des deux mots les plus longs et rends-toi au numéro correspondant sur la carte. 18

13. LES MIROIRS D'EAU

Au sol d'un temple, tu remarques 2 petits réservoirs creusés dans la pierre. Ils étaient destinés à être remplis d'eau et à servir de miroirs pour mieux observer la lune et les étoiles.

Imagine que tu vois ces étoiles dans le ciel. Comme les astrologues depuis toujours, tu cherches des alignements dans les étoiles. Ici, sauras-tu parcourir ces 8 étoiles en 3 traits droits qui s'enchaînent sans lever le crayon ?

Additionne le nombre d'étoiles et le nombre de traits, et rends-toi au numéro correspondant sur la carte.

11

14. LE CIMETIÈRE

Réponse : 7..

Tu es devant le cimetière des Incas. On ignore depuis combien de siècles des rois incas ont été déposés ici sous forme de momies. Il y a pourtant un moyen simple de le savoir : en comptant le nombre de manières de lire « inca » dans ce diagramme, tu découvriras depuis combien de siècles les rois incas sont enterrés dans ce cimetière.

Note la réponse et rends-toi au numéro correspondant sur la carte.

7

15. L'ESCALIER INFINI

La citadelle étant sur une montagne, la plupart de ses rues sont des escaliers. Le plus long de ces escaliers se trouve devant toi et tu vas le prendre pour descendre au bain royal.

Selon une vieille légende, le dieu du Sommeil tenta un jour de monter cet escalier. Ce fut pour lui une tâche difficile car il dormait beaucoup. Il lui fallait une journée pour monter 5 marches puis il s'endormait, écrasé de fatigue, et dormait toute une journée. Pendant son sommeil, il glissait et redescendait de 2 marches. Le jour suivant, il remontait de 5 marches, puis reglissait de 2 marches, etc. Sachant que l'escalier a 30 marches, en combien de jours le dieu du Sommeil a-t-il atteint le sommet de l'escalier ?

Note la réponse et rends-toi au numéro correspondant sur la carte.

10

16. LA PLACE CENTRALE

Tu te trouves maintenant sur la grande place, où s'assemblait le peuple pour les grandes cérémonies. Elle est entourée de gradins d'un côté et de la pyramide de l'autre. Aujourd'hui la place est calme. Des hommes passent et des lamas broutent de l'herbe. À bien regarder, on peut y compter en tout 8 têtes et 20 pieds. Avec ces nombres sauras-tu dire combien il y a d'hommes et combien il y a de lamas sur la place ?

Compte le nombre de lamas et rends-toi au numéro correspondant sur la carte.

17. LES MAÇONS SANS MORTIER

Tu admires l'extraordinaire maçonnerie inca. Les pierres des murs sont assemblées sans mortier et tiennent ensemble car elles sont taillées de manière extrêmement précise. Dans ce morceau de mur, combien de rectangles et de carrés sont délimités par des pierres qui se touchent ?

Attention : tu dois en trouver plus de 7 !

Rends-toi au numéro sur la carte correspondant à la réponse. 13

18. LA CRYPTE ROYALE

La crypte royale est une sorte de grotte, creusée dans la tombe et interdite au public. Tu réussis pourtant à t'y introduire et tu vois inscrits 5 noms de rois incas. Logiquement, un de ces rois ne devrait pas figurer dans la crypte. Lequel des 5 est un intrus, et pourquoi?

cucohutoek

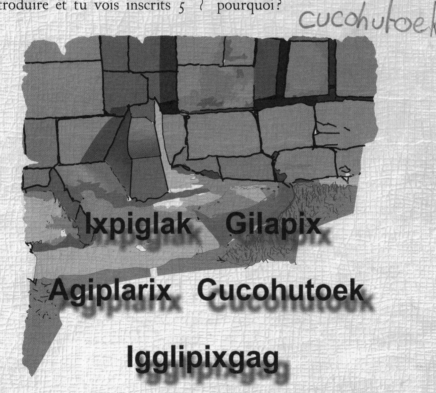

Ixpiglak   Gilapix

Agiplarix   Cucohutoek

Igglipixgag

Compte le nombre de lettres du mot intrus et rends-toi au numéro correspondant sur la carte.

10

19. LE BAIN ROYAL

Au fond du bain, tu vois les morceaux d'une fresque, qui se trouvait sur une paroi aujourd'hui détruite.

Un de ces 8 morceaux est un intrus : malgré les apparences, il ne peut pas provenir de la même fresque. Quel est cet intrus, et pourquoi ?

Ressors du bain et marche vers le nord jusqu'à une petite place où une tête de condor en forme de flèche est sculptée dans le sol.

20. LA PRISON

Dans une cellule de la prison, des cordes qui attachaient les prisonniers sont encore sur le sol. Ce sont des boucles refermées sur elles-mêmes.

Sauras-tu trouver sur cette figure combien il y a de cordes différentes : une seule, 2 ou plus ?

Écris deux fois le chiffre trouvé, cela forme le numéro sur la carte où tu dois te rendre.

22

21. LE TEMPLE DU CONDOR

Le condor, le plus grand oiseau des montagnes, était vénéré par les Incas pour sa grande sagesse. Il est représenté dans son temple la tête sculptée dans le sol et les ailes taillées dans les rochers de chaque côté. Ici, un des 5 condors n'est pas identique aux 4 autres : un détail le différencie. Lequel ?

Compte le nombre total de pattes et d'ailes, et rends-toi au numéro correspondant sur la carte.

20

22. DU SOLEIL À LA LUNE

Tu es au nord, au-delà de la grande place, soulagé(e) d'être sorti(e) du labyrinthe des ruelles et des escaliers mais un dernier labyrinthe t'attend. Parcours ce labyrinthe de mots en enchaînant les mots qui se suivent, de SOLEIL à LUNE.

Chaque mot commence par la dernière lettre du mot précédent, comme par exemple SOLEIL-LAMA ou SOLEIL-LAIT. Les mots se lisent dans tous les sens, vers la droite, vers la gauche, vers le haut ou vers le bas mais pas en diagonale.

Dirige-toi ver le Roc sacré
pour continuer ton aventure.

23. LE ROC SACRÉ

Tu parviens à ta dernière étape, le Roc sacré, à l'extrémité nord de la citadelle. Les Incas l'ont découpé pour qu'il ait la silhouette de la montagne située derrière.

Sur le Roc sacré, apparaît la silhouette de Hiram Bingham, le découvreur de la citadelle, que tu reconnais pour l'avoir déjà vu dans le film Les Aventuriers de l'Arche perdue.

Sauras-tu lire le nom de son métier sur le cercle de lettres ? Pars d'une lettre et saute régulièrement de 2 en 2, de 3 en 3 ou plus, pour parcourir les 11 lettres.

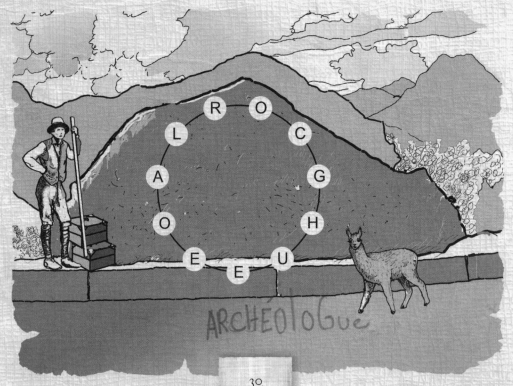

ARCHÉOLOGUE

LE CHIFFRE
EST AVEC TOI !

Machu Picchu n'a pas livré tous ses secrets.
Malgré leurs recherches, Hiram Bingham, ses successeurs
pendant un siècle et même Indiana Jones sont passés
à côté d'un élément essentiel sans le voir.

Sans doute aveuglés par le soleil, ils n'ont pas
remarqué le chiffre caché. Avec ta loupe, tu as tout
en main pour le trouver sur la carte et le garder avec toi :
il est indispensable pour révéler le trésor final.

Chiffre secret : ...

31

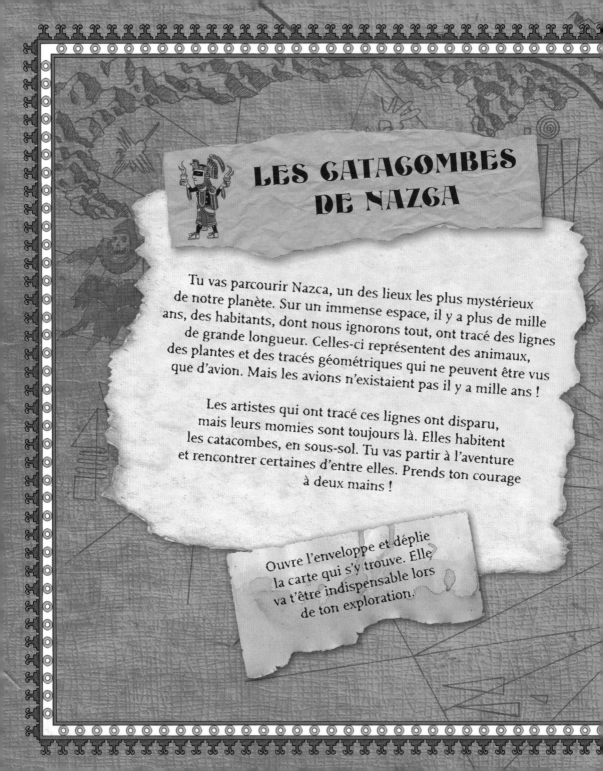

LES CATACOMBES DE NAZCA

Tu vas parcourir Nazca, un des lieux les plus mystérieux de notre planète. Sur un immense espace, il y a plus de mille ans, des habitants, dont nous ignorons tout, ont tracé des lignes de grande longueur. Celles-ci représentent des animaux, des plantes et des tracés géométriques qui ne peuvent être vus que d'avion. Mais les avions n'existaient pas il y a mille ans !

Les artistes qui ont tracé ces lignes ont disparu, mais leurs momies sont toujours là. Elles habitent les catacombes, en sous-sol. Tu vas partir à l'aventure et rencontrer certaines d'entre elles. Prends ton courage à deux mains !

Ouvre l'enveloppe et déplie la carte qui s'y trouve. Elle va t'être indispensable lors de ton exploration.

1. LES MOMIES

À ton arrivée, tu es accueilli(e) par les momies qui habitent les cata- combes. Comment comprends-tu la phrase qu'elles prononcent ?

« Nous mentirions si nous n'affirmions pas que ta prochaine étape est d'aller voir le singe plutôt que la baleine. »

La phrase des momies t'indique ta prochaine étape. À toi de jouer !

12

2. L'ALGUE

```
[  ]—[  ]      [11]—[  ]
 |    |         |    |
[  ]—[6]——[  ]—[21]
 |    |    |    |
[  ]—[  ]—[26]—[  ]

      [  ]—[  ]   [  ]—[  ]
       |    |      |    |
      [  ]—[  ]—[1]—[  ]

                [  ]—[  ]
                 |    |
                [  ]—[  ]
                 |
                [  ]—[  ]
```

L'algue porte sur ses branches des cases de chiffres.

La figure sera complète lorsque tous les nombres y seront, de 1 à 26. Écris les nombres qui manquent en faisant attention de ne pas mettre autour d'un carré 2 nombres qui se suivent, comme 5 et 6 ou 17 et 18.

Trouve l'oiseau au long bec sur la carte.

35

3. LE HÉRON

Le héron au long cou porte des chiffres tout au long de son cou. Sauras-tu intercaler des signes + et - entre ces chiffres pour obtenir le résultat 23 ?

$$1 ? 2 ? 3 ? 4 ? 5 ? 6 ? 7 ? 8 ? 9 = 23$$

Trouve le poulpe pour résoudre l'énigme finale.

4. LES RECTANGLES

Les momies, passionnées de géométrie, ont dessiné des rectangles. Regarde combien il y a de rectangles, cela te donnera le numéro de ta prochaine étape.

éponse : ...

Rends-toi à ce numéro sur la carte.

5. LA GRANDE SPIRALE

Sur la grande spirale, se détache une croix de lettres permettant de lire NAZCA de plusieurs manières. Combien de NAZCA peux-tu lire en suivant des lettres qui se touchent, horizontalement, verticalement ou en diagonale ? Un NAZCA ne peut utiliser 2 fois la même lettre.

Réponse : ...

La moitié de ce nombre t'indique le numéro de l'énigme que tu dois maintenant résoudre.

6. L'ARAIGNÉE

Tu es maintenant devant une gravure représentant une araignée. Comme les araignées sont friandes de charades, celle-ci t'en propose une pour t'indiquer où diriger ton exploration.

- Mon premier est une lettre.
- Mon second est un bon endroit pour se reposer.
- Les explorateurs installent mon troisième pour s'arrêter.
- Mon tout a des ailes.

Réponse : ....

Trouve sur la carte
quel dessin correspond
à la réponse.

7. L'OISEAU

Cette image a été bouleversée : un certain nombre de morceaux ont été échangés les uns avec les autres.

Reconstitue l'image en comptant les morceaux qui ont changé de place.

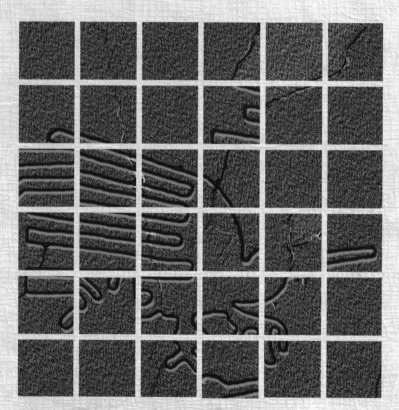

Ce nombre de morceaux te donnera le numéro de l'énigme à rejoindre.

8. LE COLIBRI

es momies qui habitent les grottes ont sculpté dans la roche l'image d'un colibri. Les sculpteurs se sont succédés et chacun a sculpté son colibri au même endroit que les autres. Cela donne finalement une image assez confuse... Combien vois-tu de colibris ? Combien y avait-il donc de sculpteurs ?

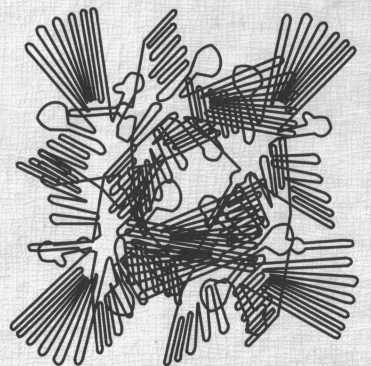

Réponse : ...

Rends-toi à l'enigme qui porte ce numéro.

9. LA BALEINE

Parcours ce labyrinthe pour aller de BALEINE à CONDOR. Enchaîne des mots, chaque nouveau mot commençant sur la dernière lettre du précédent.

Par exemple : BALEINE-ÉLIRE-ÉLU-UNIVERS. Tu peux même avancer de droite à gauche, de bas en haut et avoir des cheminements croisés.

```
B A L E I N E L I R E I
R F O C L L I P D L B
T N Q S R E V I N U G
T U O A E P M P H N S
U N I O N H J B C I E
Y G R I V A G E O Q S
H F E V A N A F I U U
É U T R O T X F N E E
T B E H J K M O U S V
U X T R A C O R I H R
I L E O K A A T T R E
K R L N C B V U S O N
V O A R L A E R B T V
E Z N U I T C O N D O R
```

Si tu parviens à CONDOR, alors rejoins-le sur la carte.

10. L'ASTRONAUTE

```
A G U P C H I E N M F
H E L E Z A R D R A A
E C O L I B R I O N R
R S P I R A L E I O A
O J L C O Q U E S M I
N E G A L G U E E A G
O S I N G E D U A N N
R B A L E I N E U O E
C O N D O R I R N U E
P E R R O Q U E T S O
A M M O U E T T E P N
```

Condor

Héron

Chien

Spirale

Colibri

Perroquet

Alligator

Oiseau

Coques

Pélican

Araignée

Baleine

Algue

Mano-mano

Mouette

Lézard

Singe

Réponse : ....

L'astronaute qui est devant toi vient d'arriver à Nazca. Il est très surpris car il parvient à retrouver tous les mots de la liste dans le carré de lettres qui est devant lui, sauf un mot qui ne peut y être lu, ni horizontalement ni verticalement.

Repère quel est ce mot oublié et retrouve-le sur la carte.

11. LE PERROQUET

Organise tous ces mots en une suite allant de PERROQUET à CACATOÈS. Chaque nouveau mot doit enchaîner sur le même son que la dernière syllabe du mot précédent. Par exemple OISEAU peut être suivi par OCÉAN, bien que les « O » ne s'écrivent pas pareil. Quand tu as terminé, compte le nombre de mots entre PERROQUET et CACATOÈS.

Cela te donne le numéro de ta prochaine étape.

PERROQUET   OISEAU   ENCLUME
USUEL   ENVIRON   DOMICILE
SILO   RONDEAU   QUALITÉ
TÉMÉRAIRE   HUMÉRUS   LOCAL
ERREUR   ÉLÉPHANT   EURÉKA
OCÉAN   QUÉBÉCOIS   CACATOÈS

12. LE SINGE

gorille → patas   maki

↓

gibbon   colobe   lémur

bonobo   vervet   babouin

Il existe dans le monde plusieurs dizaines de variétés de singes différentes, dont 9 sont sur cette grille. Traverse-la, de gorille à babouin, en sautant chaque fois à un mot dont toutes les lettres sont différentes. Par exemple :

gorille n'a pas de lettre commune avec patas et patas n'en a pas avec colobe. Quand tu es arrivé(e) à babouin, repère sur la carte l'autre animal dont le nom commence par la même lettre. C'est là que tu dois aller.

13. LA FLEUR

La fleur représente toutes celles que l'on voit au Pérou. Écris sur la grille leurs noms : cantuta, scille, laurier, amaryllis, datura, lis, thévétia, xéranthème. Une d'entre elles n'a pas de place. Laquelle ?

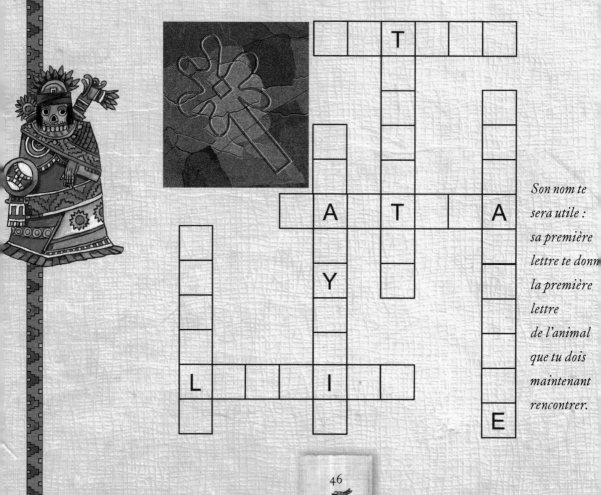

Son nom te sera utile : sa première lettre te donn[e] la première lettre de l'animal que tu dois maintenant rencontrer.

14. LE CONDOR

Pour savoir où te diriger, lis le nom d'animal sur ce cercle.

Pars de la bonne lettre, puis saute de 2 en 2, de 3 en 3 ou plus pour lire ce nom.

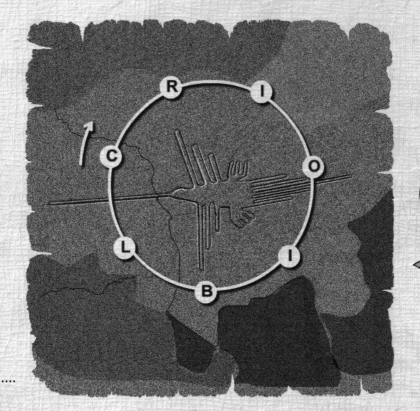

onse : ....

Quand tu as trouvé l'animal, retrouve sur la carte son nom et le numéro de l'énigme où tu dois te rendre.

15. LES COQUES

Les coques te proposent un message précisant où aller ensuite : décode-le, sachant que tous les mots contenant un nombre pair de lettres sont inutiles.

Rends-toi bien vite sur le poulpe dévorant une magnifique algue verdâtre.

Suis les indications du message codé.

16. LA MOUETTE

La paroi, où le dessin de mouette est gravé, a été coupée en 4 parties et ces morceaux ont été dispersés. L'un d'eux est différent des autres car il a été retourné sur lui-même, comme le montre le schéma. Repère ce morceau retourné.

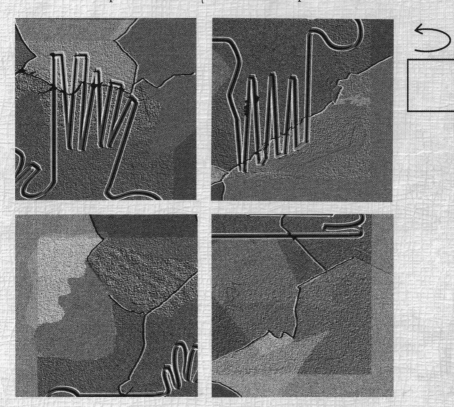

Trouve sur la carte un coquillage que l'on ramasse à marée basse.

17. LE CHIEN

Sur la paroi où est gravée l'image du chien, une autre ligne nazca est tracée par-dessus, mais sous forme de puzzle, en 4 morceaux. Pour reconstituer cette ligne, il faut imaginer que les 4 morceaux sont superposés.

Trouve le dessin correspondant sur la carte.

18. L'ARBRE

Devant le grand arbre, des momies proposent aux passants des souvenirs de Nazca. Chaque gravure a son prix :

Le prix du dessin de l'astronaute manque. Logiquement, quel est-il ?

Quand tu as trouvé, rends-toi à l'énigme portant ce numéro.

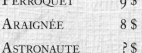

BALEINE	7 $
SINGE	5 $
CHIEN	5 $
PÉLICAN	7 $
PERROQUET	9 $
ARAIGNÉE	8 $
ASTRONAUTE	? $

19. LE MANO-MANO

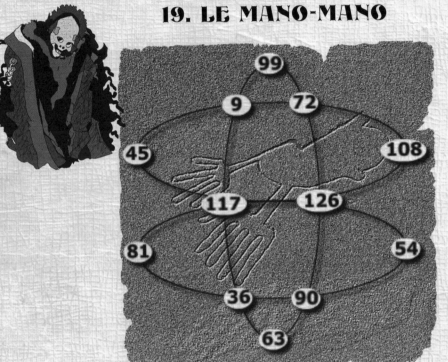

99

9 72

45 108

117 126

81 54

36 90

63

Réponse : ...

Tu es devant un mano-mano, le dernier survivant d'une race mystérieuse. Ils marchaient, en boitant un peu, sur 2 mains : une à 5 doigts et l'autre à 4 doigts.

Avec des mains pareilles, les mano-manos ne comptaient pas jusqu'à 10 mais jusqu'à 9, soit 4 + 5. C'est pourquoi le mano-mano te montre un diagramme où figurent tous les multiples de 9, jusqu'à 126.

Regarde bien ce diagramme car il manque un multiple.

20. LE PÉLICAN

Le pélican t'indique où aller ensuite en te montrant 2 carrés de lettres avec des trous. En les superposant, tu trouveras ton chemin sur la carte.

Réponse : ....
....
....
....

Rends-toi maintenant à l'endroit indiqué.

```
A   U
L N   M
  L U
A M   A
  O   E
```

```
  V   S R
  A   I
A Q     I
  I   E
B   Y   R
```

21. LE LÉZARD

Le lézard te propose un proverbe qui le concerne. Sauras-tu le lire ?

Pour cela, il faut faire tomber chaque lettre dans la bonne case.

M O R N L E Z A R D R A I S T R
L E D T   I L R C U N   N E
P E   U   P A

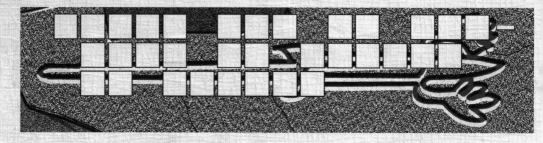

Quand tu auras lu le proverbe,
compte le nombre de E :
c'est le numéro de ta prochaine étape.

22. L'ALLIGATOR

3 autres signes sont dessinés avec l'alligator : le mano-mano, la baleine et la fleur. Certains sont pris en boucle les uns dans les autres et ne peuvent s'en dégager. L'un d'eux est libre. Trouve lequel, car c'est là qu'il faut te rendre maintenant.

Réponse : ....

23. LE POULPE

Tu es proche de la sortie mais le poulpe te barre le passage. Ses nombreux tentacules semblent autant de directions à suivre. Chacun se termine par une lettre. Il n'y a que 25 lettres au lieu des 26 de l'alphabet. À cause de la lettre absente, une des figures dessinées sur la carte ne pourra être écrite. Tu ne pourras passer et sortir de Nazca que si tu trouves laquelle.

Réponse : ....

LE CHIFFRE EST AVEC TOI !

Ne quitte pas Nazca sans emporter avec toi un chiffre secret que les momies ont soigneusement caché. Aucun explorateur avant toi ne l'a remarqué.

Arme-toi de ta loupe pour le déceler. Conserve-le pour trouver le trésor final.

Chiffre secret : ...

IXKXLAL, LA VILLE AUX CENT PYRAMIDES

Après un long voyage à travers la jungle, après avoir vaincu les féroces jaguars, les mouches carnivores et les lianes-sangsues, tu découvres une ville extraordinaire. C'est une cité immense, d'où émergent des palais, des temples et des pyramides.

Garde ton sang-froid devant ces hommes et femmes, étrangement habillés et souvent parés de plumes. Ils sont accueillants pour les étrangers comme toi qui ne sont pas en guerre contre eux. Reste donc calme et paisible. Ils vont faire leur possible pour t'aider à traverser leur ville.

Parcours la ville en sautant d'énigme en énigme, selon les informations récoltées grâce à ton astuce. Repère-toi sur la carte qui est dans l'enveloppe pour progresser à travers la ville.

2. LA PYRAMIDE KANJOBAL

PYRAMIDE

```
U N I T E S F C U I P R I S
S E C O U R S K O L I M O V
E Z H L P L A N G I S U R E
T X E S L A N R P C A R E V
N H J K M M T A E R E T A I
E B V C S P E P U I S E R T
T N I E T E H O N G S G A E
U A X Z E V T U S R U O T R
I R E R T A N I E Q O T T O
M C O M S E M A L U M N E N
N E R I A E L K L R E R I T
```

CRYPTE

Une crypte est dissimulée sous la pyramide. Tu peux la rejoindre en suivant ce labyrinthe de mots. Chaque mot s'enchaîne sur la dernière lettre du mot précédent et se lit vers la droite, vers la gauche, vers le bas ou vers le haut. Par exemple PYRAMIDE-ÉPIS.

À une rue de là, au sud, va voir 2 guerriers en train de se battre.

3. AH MUN

Pour les Mayas, le maïs est la nourriture sacrée, de l'esprit et du corps. Un prêtre d'Ah Mun t'en offre et te demande de réfléchir à une énigme. Regarde bien ces 5 zones, contenant des hiéroglyphes mayas. Une d'elles ne suit pas la même logique que les autres.

Un des signes de cette zone se trouve sur la carte et t'indique ta prochaine étape.

4. LA PYRAMIDE DES SIGNES

Traverse ces couples de signes, en passant d'un couple à un autre qui } présente un signe commun.

Rejoins maintenant la pyramide du savoir, au nord-est de la cité.

5. SUDO-PYRAMIDE

Finis de remplir cette pyramide avec les nombres de 1 à 28 en évitant soigneusement de mettre autour d'un même carré 2 nombres qui se suivent (comme 3 et 4 ou 17 et 18).

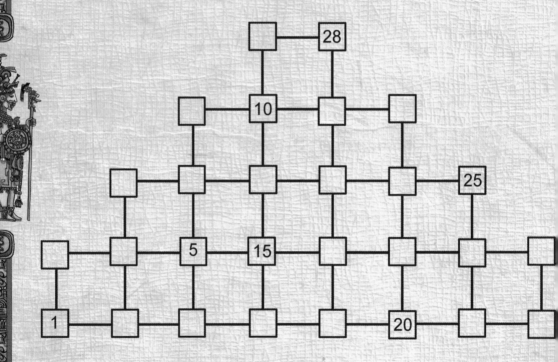

Quand tu as complété la pyramide, pour rester dans les chiffres, rends visite aux comptables.

6. LE VIEUX TEMPLE

Cette sculpture de dignitaires mayas a été brisée en morceaux, maintenant éparpillés. L'un d'eux a été retourné. Lequel ?

Rends-toi maintenant au temple du condor, rue suivante à l'ouest.

7. LES COMPTABLES

	•	• • •	⸺	⸺⸺
0	**1**	**3**	**7**	**14**

Les Mayas ne comptaient que sur les 5 doigts de la main. Ils écrivaient les nombres avec des points et des traits en se basant sur 5 : un point pour 1 et un trait pour 5. Le 0 était un ovale barré.

Dans ces conditions, que penses-tu de cette addition maya ?
Vois-tu une erreur ?

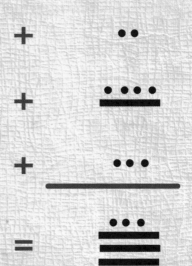

Rends-toi ensuite chez celui qui compte ses carreaux pour les poser.

8. L'ARCHITECTE

L'architecte que tu viens voir est en train de réfléchir et demande ton aide. Sauras-tu comment loger ces 4 maisons en angle dans une surface exactement 2 fois plus grande qu'elles ?

Comme il est satisfait de ton aide,
l'architecte te conseille d'aller
voir l'apothicaire, à la porte
des Démons.

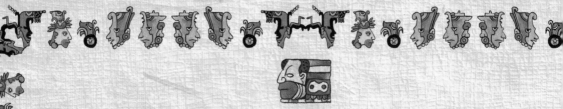

9. LE TEMPLE DE LA LUNE

Dans le temple de la Lune, une déesse danse avec un lapin. Fais la liaison en enchaînant des mots qui se suivent, de LUNE à LAPIN, dans la liste au-dessous.

Chaque mot commence sur la fin du mot précédent, sans se préoccuper de l'orthographe. Par exemple RABOT peut être suivi de BEAUCOUP.

LUNE
BEAUCOUP
COUPER
EMBARRAS
NÉANT
PÉTRIN
RABOT
RIGOLA
RINCER
SÉRIE
TERMINER
UNIVERS
VÉRITÉ
LAPIN

*Cela fait,
rejoins la spirale
labyrinthe un
peu au nord.*

10. L'ASTRONOME

Cette pyramide est réservée à l'observation des étoiles. À son sommet, un astronome suit les parcours des planètes. Il a remarqué qu'il est possible de relier ces 11 étoiles en 4 traits droits qui s'enchaînent, sans lever le crayon et en revenant au point de départ. Sauras-tu faire la même chose ?

En comptant les étoiles, l'astronome te conseille d'aller chez le pâtissier, te restaurer un peu.

Rends-toi chez le pâtissier.

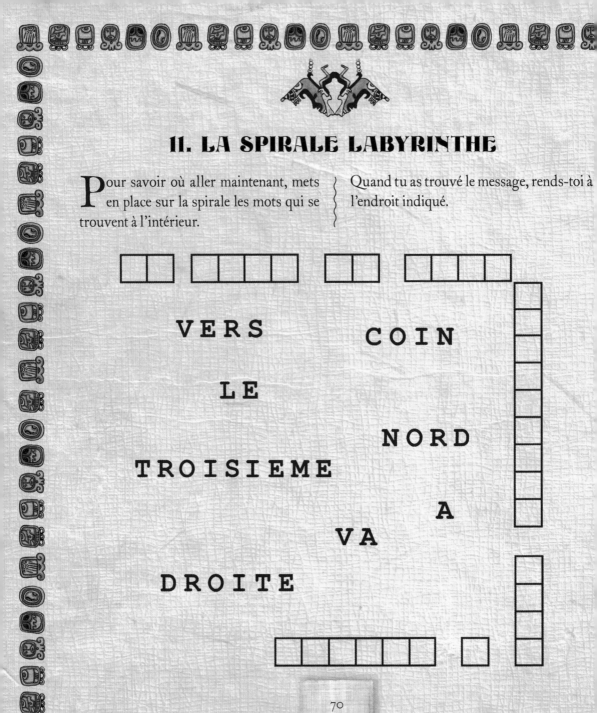

11. LA SPIRALE LABYRINTHE

Pour savoir où aller maintenant, mets en place sur la spirale les mots qui se trouvent à l'intérieur.

Quand tu as trouvé le message, rends-toi à l'endroit indiqué.

VERS

COIN

LE

NORD

TROISIEME

A

VA

DROITE

12. LE TEMPLE DU CONDOR

2 rectangles se rencontrent sous le dessin de ce bébé condor. Si on enlevait le dessin, combien pourrait-on compter de rectangles ?

Réponse : ...

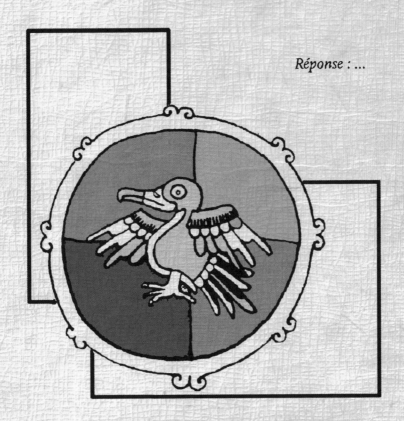

Va sur la carte à ce nombre multiplié par lui-même.

13. LE CARRELEUR

Le carreleur est en train de poser le sol d'un temple en construction. Ses carreaux sont en forme de dominos. Il te montre toutes les façons de poser 2 dominos l'un contre l'autre pour que 2 côtés de carrés se touchent. Mais il en a oublié une. Laquelle ? Dessine-la.

Trouve ensuite le temple du Félin, un nouveau problème t'y attend.

14. LE POÈTE

Le poète que tu rencontres veut bien t'indiquer ton chemin, mais il refuse de le faire clairement.

} Il te donne le renseignement sous forme d'énigme. Pour lire son message, fais tomber les lettres dans les bonnes cases.

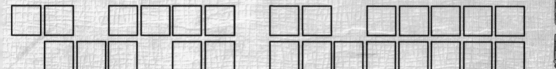

V S U V O S A   P E R L A P D E

A   R   I R   L Y   A M I I N

Quand tu as trouvé, rends-toi au lieu indiqué.

15. LA PYRAMIDE DES MAYAS

Combien de MAYA différents peux-tu lire en suivant les traits sur cette pyramide ?

Ne perds pas le résultat de ton compte : c'est le numéro du lieu où tu dois te rendre ensuite.

Réponse : ...

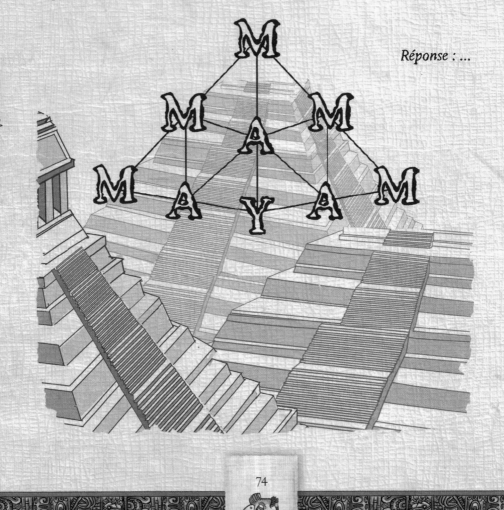

74

16. LA PYRAMIDE DU SAVOIR

Sur cette pyramide sont disposées les lettres d'un métier. Lis le métier en suivant les lignes à partir de la bonne lettre.

Pour te rendre à ta prochaine étape, regarde sur la carte à côté de quel monument se trouve le Maya qui fait ce métier.

Réponse : ...

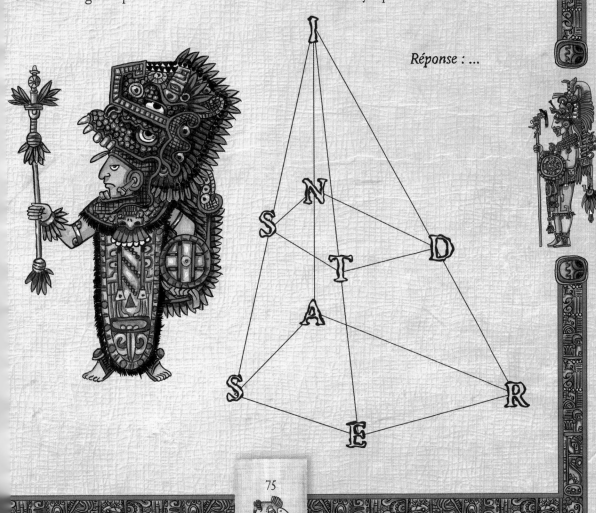

17. LE TEMPLE DU FÉLIN

Un nom d'animal est écrit sur ces 4 rectangles. Pour le lire, tu dois les superposer en imagination.

Quand tu auras identifié l'animal, trouve-le sur la carte et va le voir...

18. LES LÉOPARDS

3 léopards sont pris dans une corde : un léopard de 5 ans, un autre de 6 ans et un dernier de 7 ans. Ils sont représentés par le chiffre de leur âge. Imagine que tu tiens les 2 bouts de la corde dans une main et que tu les tires vers toi, quel léopard se libère ?

Trouve le nombre sur la carte et résous l'énigme correspondante.

Réponse : ...

19. LA PYRAMIDE DU LAPIN

La liste de gauche nomme 10 rongeurs comme le lapin. 9 d'entre eux sont dans la liste de droite, écrits de haut en bas.

Repère celui qui manque puis compte ses lettres.

COBAYE
AGOUTI
CHINCHILLA
CASTOR
MARMOTTE
CAMPAGNOL
LEMMING
VISCACHE
LEROT
RAGONDIN

C C E C R L T Y U
H O I A U E C T R
I B K S M M A N A
N A A T A M M L G
C Y G O R I P E O
H E O R M N A R N
I B U E O G G O D
L O T L T E N T I
L I I U T V O E N
A S F R E O L N X

Trouve sur le plan le chiffre de ton résultat.

78

20. LE VOYAGEUR

Le Maya voyageur te raconte ses parcours à travers le pays et les villes qu'il a traversées : Tzeltal, Chiapas, Chontal, Chol, Chorti, Tzotzio, Tojolabal, Chuj, Kanjobal, Acatec, Jacaltec, et Motozintlec.

Il te montre une pyramide de lettres et dit « avec ces lettres je peux écrire toutes mes villes ». Tu te rends compte qu'il ne te dit pas la vérité. Pourquoi ?

Réponse : ....

A
F N E
Q M V D R
W C Y G X H P
B Z L U J O S I T

Utilise cet indice pour savoir où aller.

21. LES GUERRIERS

Ces deux guerriers se battent avec un tel acharnement et depuis si longtemps que 2 morceaux de l'un sont dans l'autre et 2 morceaux de l'autre dans le premier.

Quels sont ces morceaux ?

Quand tu as trouvé va à la pyramide des signes, au sud.

22. LE PÂTISSIER

Le pâtissier est très occupé à compter ses gâteaux. Il manie les nombres mayas avec autant de dextérité que le chocolat et la farine de maïs. Il te montre un carré de nombres à traverser de 1 (un point) à 20 (4 barres). La règle est que tu ne peux sauter d'un nombre à un autre que s'ils ont le même nombre de points ou le même nombre de barres.

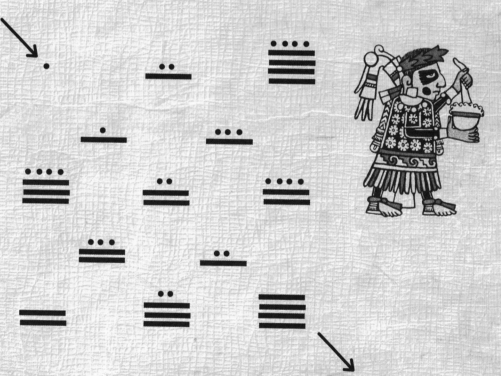

Puisque tu atteins 20, rallie ce point sur la carte.

23. LA PORTE DES DÉMONS

À la porte des Démons, un apothicaire confectionne la potion magique du voyageur, que tu vas boire avant de sortir, pour aller en toute sécurité vers d'autres villes. Sa formule est écrite sur un système de pyramides. Il doit compter combien de faces de pyramides ont à leurs sommets chiffres dont l'addition a pour résultat un multiple de 5.

Peux-tu l'aider avant de quitter la ville ?

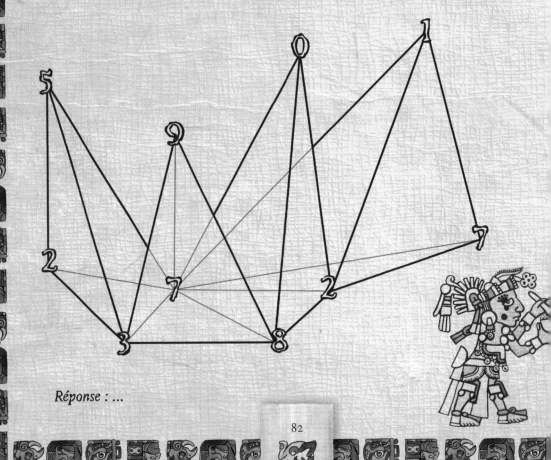

Réponse : ...

LE CHIFFRE
EST AVEC TOI !

Les étoiles ont révélé à l'astronome maya
un chiffre secret, que les savants utilisent
pour prédire les mouvements de la lune et des étoiles.

Pour que les générations futures d'astronomes
puissent s'en servir, il a caché ce chiffre. Découvre-le
grâce à ta loupe, et note-le pour le trésor final.

Chiffre secret : ...

CAHOKIA, LA CITÉ DES MONTICULES

Tu as quitté les montagnes et le soleil tropical des Mayas. Sous la conduite d'un guide, tu as marché pendant des semaines vers le nord. Tu as traversé des plaines de plus en plus verdoyantes. Tu as croisé de superbes «Peaux-rouges» à la tête ornée de plumes. Tu as évité les redoutables troupeaux de bisons sauvages, ces milliers de bêtes qui se déplacent dans un bruit de tonnerre. Tu as traversé d'immenses rivières en admirant les barrages construits par les castors. Tu arrives enfin devant une ville où, à ta grande surprise, les pyramides ne sont plus en pierre mais en terre entassée. Chacune de ces pyramides est un monticule, une petite colline recouverte d'herbe.

Les habitants vivent autour de ces monticules et à l'intérieur, dans des grottes aménagées. Les hommes, les femmes, les enfants, les animaux s'affairent dans une foule d'activités qui te semblent incompréhensibles. Tu débordes d'impatience de les connaître et de découvrir leur ville.

1. LANGUE-FOURCHUE

Ton guide t'a prévenu(e) : le gardien de la ville est un menteur. Quelle que soit la question que tu lui poseras, il te répondra systématiquement par le contraire de la vérité.

À ta question : «Par quelle porte les étrangers doivent-ils entrer dans la ville ?», il répond :

«Si tu es un étranger, honore le dieu de la Terre, évite la porte palissade et présente-toi à la porte des Démons.»

Que penses-tu de son conseil ?

Quand tu as compris, rends-toi là où il te le conseille.

2. LA PORTE PALISSADE

À la porte palissade, le soldat Cailloux-Ronds est assis et joue toute la journée avec des cailloux ronds, ce qui lui a valu son surnom. Il cherche toutes les manières possibles d'arranger 6 cailloux pour que chacun en touche deux autres. Il a trouvé 2 dispositions.
Trouveras-tu une 3ᵉ disposition ?

C'est un symbole à retrouver sur la carte pour connaître le numéro de l'énigme suivante.

3. PETITE CAGE

Une petite cage montée sur un poteau contient un animal. Tu ne peux pas voir suffisamment l'animal pour l'identifier. Heureusement, des lettres sont disposées aux 6 coins de la cage et tu peux reconstituer son nom grâce à elles.

Quand tu as trouvé de quel animal il s'agit, va le rejoindre sur la carte.

Réponse : ....

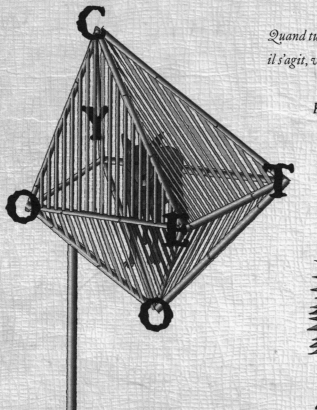

4. LA PYRAMIDE MIG-MAG

À l'entrée de la pyramide, le voyageur mic-mac te montre une peau de caribou portant des caractères de l'alphabet mic-mac. Chaque signe est représenté 2 fois, sauf l'un d'entre eux. Repère ce signe isolé !

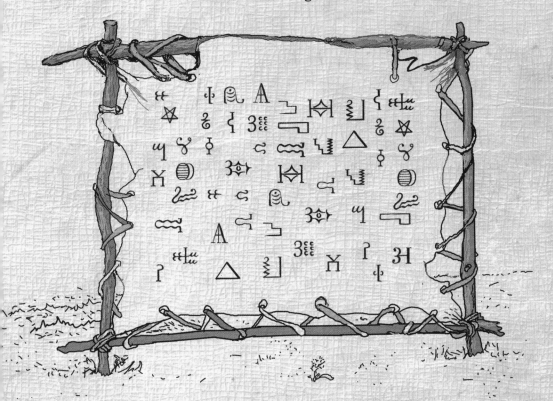

Retrouve ce signe unique sur ta carte.

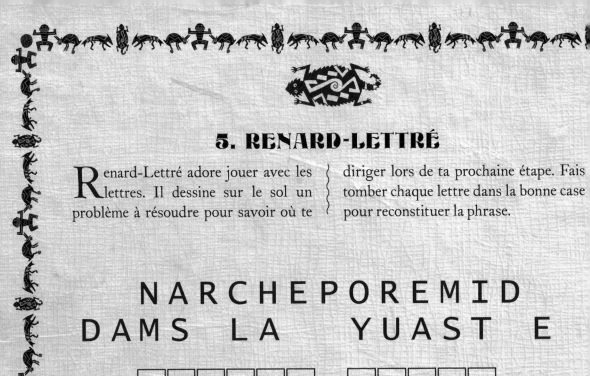

5. RENARD-LETTRÉ

Renard-Lettré adore jouer avec les lettres. Il dessine sur le sol un problème à résoudre pour savoir où te diriger lors de ta prochaine étape. Fais tomber chaque lettre dans la bonne case pour reconstituer la phrase.

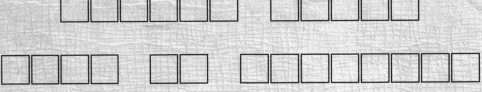

N A R C H E P O R E M I D
D A M S   L A   Y U A S T   E

▢▢▢▢▢▢ ▢▢▢▢▢

▢▢▢▢ ▢▢ ▢▢▢▢▢▢▢▢▢

Va maintenant rendre visite au Maître des serpents.

6. LE TOTEM CHAUVE-SOURIS

La chauve-souris se pose sur une curieuse croix de bois portant des chiffres et un signe =. Le but est d'intercaler des signes + ou - entre les chiffres pour obtenir le chiffre 3.

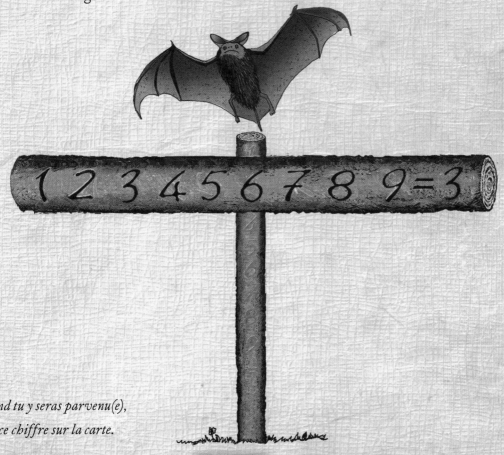

Quand tu y seras parvenu(e), va à ce chiffre sur la carte.

7. LE CARRÉ MIC-MAC

Au-delà de l'attrape-rêves, au fond de la pyramide, se trouve un objet magique offert par le voyageur mic-mac. Il est composé de 9 lettres. Le but est de compter de combien de manières on peut y lire MICMAC, en suivant des lettres qui se touchent horizontalement, verticalement ou en diagonale. Un MICMAC ne peut utiliser 2 fois la même lettre. Ce carré sert de test pour choisir les stratèges militaires.

Combien compteras-tu de MICMAC ?

I   C   M

M   A   C

C   I   M

Réponse :

Double ce nombre pour savoir où diriger tes pas.

8. OREILLE-DE-MOUCHE

La belle Oreille-de-Mouche est joueuse de flûte. Elle se désespère car le tambour d'Oreille-de-Lynx est si fort qu'elle n'entend pas ce qu'elle joue avec sa flûte. Elle rêve qu'un tambour et une flûte puissent un jour jouer ensemble.

Pour cela, elle construit un labyrinthe qui va de TAMBOUR à FLÛTE, en suivant des mots qui commencent chacun sur la dernière lettre de l'autre. On peut lire les mots horizontalement et verticalement, mais aussi de droite à gauche et de bas en haut. Sauras-tu traverser ce labyrinthe ?

```
T A M B O U R A T K E S T O P S D F G
O Y T R E Z O L A V G I M J O E R T Y
P R I N E V U O S I R O P R U Z A Q C
M O F D S Q G W B D U R L F S U M L V
L S E V E L E P T R O T U Y S B N I R
K E T U D E S F I L T A I L I D F H O
J H E N V O Y E R V U M E Q F L U T E
```

Une fois le labyrinthe traversé, rends-toi au nombre qui est la somme des lettres de TAMBOUR et de FLÛTE.

9. OREILLE-DE-LYNX

Quand Oreille-de-Lynx joue de son tambour, aucune autre oreille de la ville ne peut l'ignorer.

Quand il le pose à terre, ce tambour cache en partie des lignes tracées sur le sol. Imagine que le tambour disparaît. Combien vois-tu de triangles ?

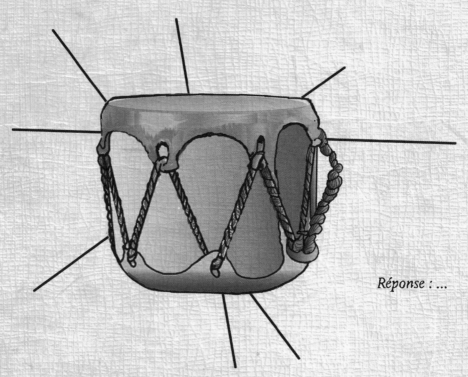

Réponse : ...

Double ce nombre de triangles pour savoir où aller.

10. LE COYOTE

COYOTE
ÉLEVAGE
OTARI E
HEUREUX
RETOUR
TALUS
RITOURNELLE
TÉMÉRAIRE
MENTAL
AGITAIT
ERREUR
TOURMENT
LUNE

La nuit le coyote hurle vers la lune, ce qui suggère une étrange relation entre l'animal et le satellite.
Sauras-tu réorganiser ces mots pour faire la liaison entre COYOTE et LUNE ? Chaque mot s'enchaîne sur la dernière syllabe du suivant, mais sans se préoccuper de l'orthographe : LOCATAIRE peut s'enchaîner avec TERRITOIRE.
Va ensuite retrouver l'animal qui se trouve dans la liste.

11. PINCEAU-INSPIRÉ

L'artiste Pinceau-Inspiré est devant une peau de bison, tendue entre des piquets. Il est en train d'y peindre une scène de chasse. Malheureusement, tu ne peux pas voir son œuvre correctement car elle a été bouleversée. Des morceaux ont quitté leur place pour en prendre une autre. Compte le nombre de morceaux déplacés.

Réponse : ...

Ce nombre t'indique l'endroit à rallier sur la carte.

12. L'ATTRAPE-RÊVES

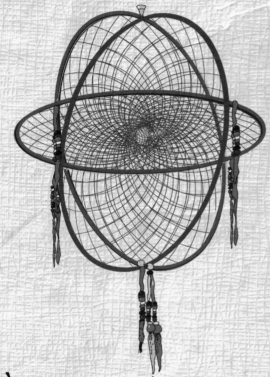

```
        S O N G E
      R E V E R I E
        I D E A L
    C A U C H E M A R
      C H I M E R E
      V I S I O N
      S O U H A I T
    A S P I R A T I O N
    I N V E N T I O N
    R E V A S S E R I E
```

```
E R T E R E M I H C
L B U E I R E V E R
O E F S M L A E D I
E I R E S S A V E R
Q D B U H E G N O S
R E C L N O I S I V
S M J T I A H U O S
P N O I T N E V N I
N O I T A R I P S A
```

À l'entrée de la pyramide Mic-Mac est suspendu un immense attrape-rêves, qui piège les rêves de tous les habitants. C'est cet objet magique, géré par le sorcier, qui assure la paix dans la ville de Cahokia.

En haut à droite, se trouvent 10 synonymes du mot « rêve ». Au-dessous, il n'y en a que 9, écrits de droite à gauche. Quel rêve manque dans cette grille ?
Compte les lettres différentes utilisées par ce mot et va à ce numéro.

13. BISON-INTRAITABLE

Le chasseur Bison-Intraitable dessine par terre son animal favori. Il ne se lasse pas d'en dessiner de nombreux, les uns sur les autres. Combien peux-tu en dénombrer ?

Réponse : ...

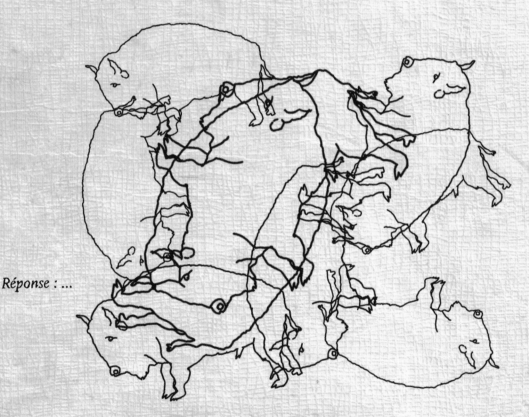

Le résultat te donne le numéro que tu dois rallier sur la carte.

14. LA ROUE DE LETTRES

Pars de la bonne lettre, puis saute régulièrement, de 2 en 2, de 3 en 3 } ou plus, pour lire le nom d'un animal fétiche pour le village.

O C E

A I

R U

V U

S S H

Réponse : ....

Quand tu as lu le nom de l'animal, repère son totem sur la carte.

15. L'OTARIE

L'otarie qui se trouve devant toi est dressée à parler le langage humain. Elle s'exprime bien et très clairement. Par contre, il faut faire attention aux renseignements qu'elle donne, car seuls les mots qui ont un nombre pair de lettres ont un sens. Il faut ôter tous les mots dont le nombre de lettres est impair.

Quand tu lui demandes où rencontrer le sorcier qui t'aidera à sortir de la ville, elle répond :

Va rencontrer les grenouilles qui plaisantent sur le petit shaman stupide dans la pyramide derrière nous.

Rends-toi à l'endroit que t'indique l'otarie.

16. LE TOTEM DU PANNEAU COUPÉ

Le nom d'un animal familier du village a été découpé sur 3 panneaux. Pour le lire, imagine que les panneaux sont superposés.

Va retrouver cet animal sur la carte.

17. FILET-DE-BISON

À cette enseigne, tu vois de la nourriture vendue par Filet-de-Bison, le boucher, qui peut s'acheter avec la monnaie locale, la dent de requin. Une ardoise détaille les prix. Si les prix suivent tous la même logique, combien de dents de requin vaut un caribou ?

Observe bien les lettres qui constituent les mots de cette liste.

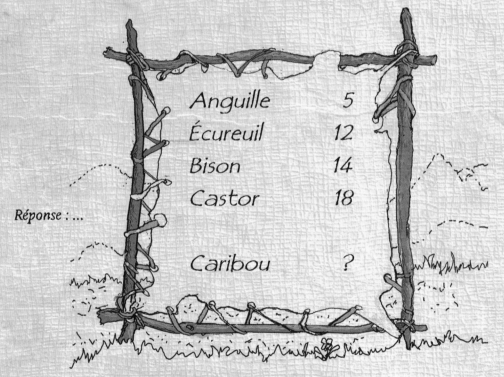

Anguille	5
Écureuil	12
Bison	14
Castor	18
Caribou	?

Réponse : ...

Rends-toi au numéro qui correspond à ce prix sur la carte.

18. LE SHAMAN

Le shaman est dans un état de transe et prononce des mots sans suite :

CONNAIT SEUL LE SACRE LE SPECTRE NOM CROTALE DU SECRET

En fait ces mots prennent un sens si tu sais les disposer sur la grille-crotale.

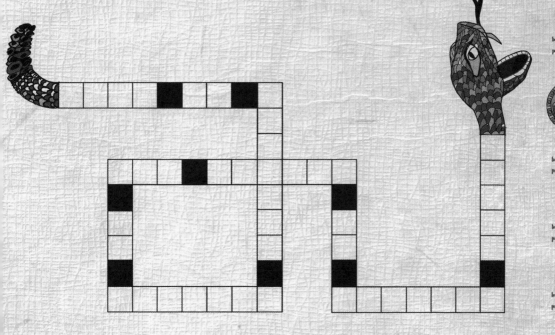

Va rencontrer le spectre, il te donnera la clé de la sortie.

19. LE WAPITI

Le wapiti porte sur la tête de magnifiques bois, qui comportent d'autant plus de pointes qu'il est âgé.

Dans cette collection de têtes de wapitis, cherche lequel est le plus âgé.

Le nombre de pointes du wapiti le plus âgé te donne ta prochaine destination sur la carte.

20. LE GRAND TOTEM

Le totem est là pour honorer les 12 tribus qui sont en relation avec la cité. Les noms de ces tribus sont :

ABENAKI, APACHE, ALGONQUIN, IROQUOIS, LENAPE, MASSACHUSET, MIC-MAC, PÉQUOT, SHAWNEE, CHEROKEE, CHEYENNE, COMANCHE.

Pour des raisons religieuses, une seule de ces tribus peut s'écrire avec les lettres du totem.

R N X M F H S K L I T J

R U B O C W A G P Y V D Z

Quand tu as trouvé de quelle tribu il s'agit, rends-toi à l'entrée de sa pyramide.

Réponse : ....

21. ESPRIT-TRAPU

Esprit-trapu est le spécialiste des comptes. Passionné par les chiffres, il les aligne sur un dessin de monticule. Il a déjà posé quelques nombres clés, mais il doit compléter les cases pour qu'il y ait tous les nombres de 1 à 26, sans qu'il y ait 2 nombres qui se suivent autour d'un même carré. Aide-le.

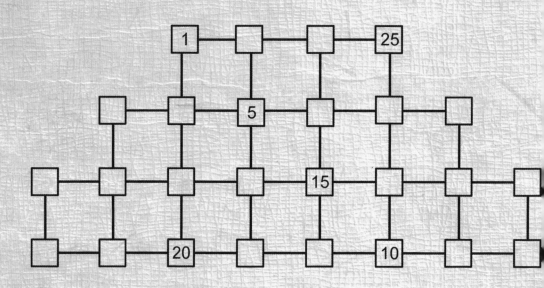

Calcule la moyenne des nombres de 0 à 26 et rends-toi au numéro qui correspond à ce résultat.

22. LE MAÎTRE DES SERPENTS

Dans la pyramide, le Maître des serpents, dont le métier est de les dompter, joue avec un crotale particulièrement long. Tu le repères facilement grâce à son bruit de sonnette quand il agite sa queue. Est-ce que le crotale est simplement posé sur le sol ou bien est-ce qu'il fait un nœud ?

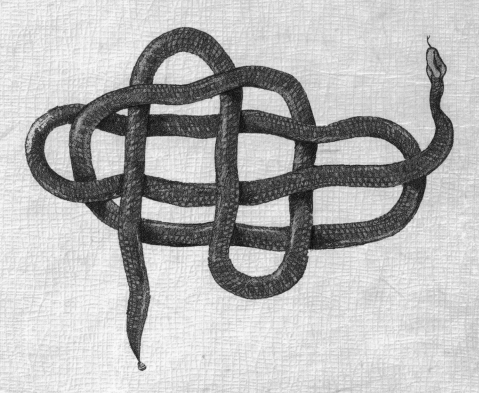

Quand tu auras répondu à cette question, ressors de la pyramide et rends-toi au grand totem.

23. LE SPECTRE

Le spectre se trouve à l'entrée du souterrain qui permet de sortir de la cité. Trouve le nom du crotale sacré et le spectre te laissera emprunter ce passage. Le nom secret du crotale est le nom d'un fleuve, bien plus long que lui, qui serpente à travers toute l'Amérique du Nord. Pour le trouver, imagine que les 2 carrés tournent d'un quart de cercle et se recouvrent.

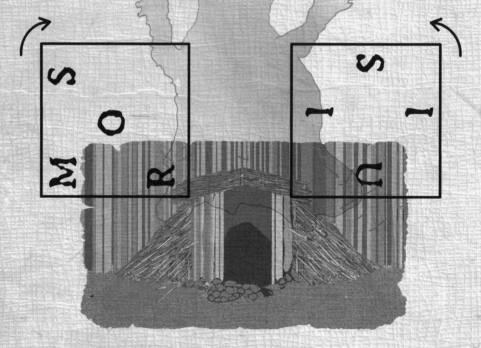

Une fois le nom secret prononcé, te voilà sorti(e) de la cité.

LE CHIFFRE
EST AVEC TOI !

Ne te laisse pas abuser par la chauve-souris.
Sous les apparences d'un animal, elle incarne
en fait l'esprit d'un ancien sorcier qui jonglait
avec les chiffres. Avant de disparaître du
monde des vivants, le sorcier a enfoui
un chiffre secret dans la cité.
Laisse ta loupe te révéler ce chiffre
et garde-le pour le trésor final.

Chiffre secret : ...

AZTAWAKU, CHEZ LE SERPENT À PLUMES

Tu reviens sous les tropiques, vers des contrées de plus en plus chaudes et humides, là où se trouve maintenant le Mexique. Tu vas explorer la ville aztèque d'Aztawaku pour y découvrir son trésor. La ville est placée sous la protection sacrée du dieu Quetzalcoatl, le célèbre serpent à plumes.

Souviens-toi de l'alphabet qui est sur cette page. Il donne un signe aztèque pour chaque lettre de notre alphabet. Plus tard tu auras besoin d'y revenir pour déchiffrer des messages. Et n'oublie pas ta carte, elle te sera utile !

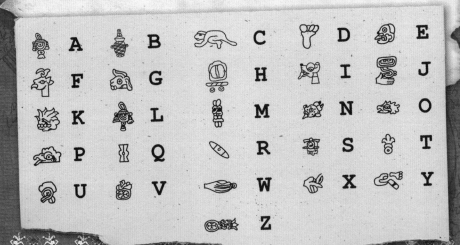

1. LA PORTE DE LA CITÉ

Quetzalcoatl, le dieu d'Aztawaku, te demande de te transformer en serpent à plumes. Sinon, tu ne franchiras pas la porte de la cité. Pour cela, tu dois établir une chaîne de mots de SERPENT jusqu'à PLUME dans laquelle chaque mot commence sur la dernière syllabe du mot précédent, comme MARABOUT-BOURRICOT-COLLÈGE, etc. À toi de jouer !

Quand tu as réussi à réaliser la connexion, repère le nom de plante que tu as utilisé entre SERPENT et PLUME : cela te donne l'emplacement de ta prochaine étape dans la cité.

TORRENT
LANCER SILENCE
GÉNÉREUX RAMASSER
MENTIR DÉPLU RÉCIT
RETOURNER FARDEAU
RURAL PANSEMENT
RANGER SERRURE
RALLIEMENT DOMICILE
NÉNUPHAR TIRER CIRA
MANTEAU CÉDER

2. LE MARCHAND DE VÊTEMENTS

Le tailleur t'explique que, pour sortir de la cité, tu dois t'habiller en léopard. Il en possède un vêtement mais ne te le donnera que si tu fais la jonction entre les mots homme et léopard dans le labyrinthe ci-dessous. Chaque mot commence sur la dernière lettre du précédent et se lit vers la gauche, la droite, le haut ou le bas.

```
H O M M E D R U H C A S
U R I R F F U O S L D E
D I D E F G H U U N A N
V S L G E X I U L A S E
B Q M B T A R T E V L F
N U F I E A R T X E O V
J E N R I C H I E S I S
O A O P A T E A S D U Q
L X L Q D U N L E G T U
M E H U T E I R J P R E
P R I E G L E O P A R D
```

Rejoins la porte de Mictlantecuhtli.

3. TLACHTLI

Tu tombes au milieu d'une partie de tlachtli, le sport national des Aztèques. Deux équipes jouent à faire passer une balle de caoutchouc dans un cercle de pierre vertical accroché à un mur. Pour aller plus loin, tu dois participer à une partie de tlachtli arithmétique en insérant les signes + ou - entre les 9 chiffres pour obtenir 0 : ta façon de mettre la balle dans le cercle.

2
3
4
5
6
7
8
9
–
0

Cela fait, tu pourras te rendre à la pyramide du dieu Cipactonal.

4. LES CACTUS

L'aigle perché sur le cactus est en train de manger du nopal, le fruit emblématique des Aztèques. Il leur a permis de survivre quand ils erraient dans des zones arides. Dans cette liste de fruits dégustés par les Aztèques, l'un d'eux ne peut pas s'écrire avec l'alphabet écrit ci-dessous. Lequel ?

papayes
goyaves
guanabanas
ananas
pastèques
mangues
zapotes
bananes

A G M S Y T N H B C I O
J D E F L R X W Q K P V U

Tu n'auras pas de peine à le trouver et son nombre de lettres te dira où aller.

5. ARI MARSON

Ici, surprise ! Tu rencontres un voyageur étranger, qui ne ressemble à aucun des Aztèques de la ville. C'est un grand blond qui vient de Scandinavie. Il est arrivé dans un « drakkar », un bateau appelé le « serpent volant ». Il a tellement impressionné les Aztèques que, de là, est né le mythe de Quetzalcoatl. À toi de faire tomber les lettres dans les bonnes cases pour connaître son message.

TONDBTTEVUSATE
MEN   AA   AI   IT

Suis la consigne. Aide-toi de la car...
pour trouver son numéro et résoudr...
l'énigme suivante.

6. TECCIZTECATL

Chez Tecciztecatl, une éclipse t'attend : la lune cache la rencontre d'une droite et de deux ellipses. La lune a une forme bizarre, mais c'est ainsi que l'imaginent les Aztèques. Si elle disparaissait, combien pourrais-tu voir de zones différentes ? (Ne compte que les zones simples, non traversées par une ligne).

Réponse : ...

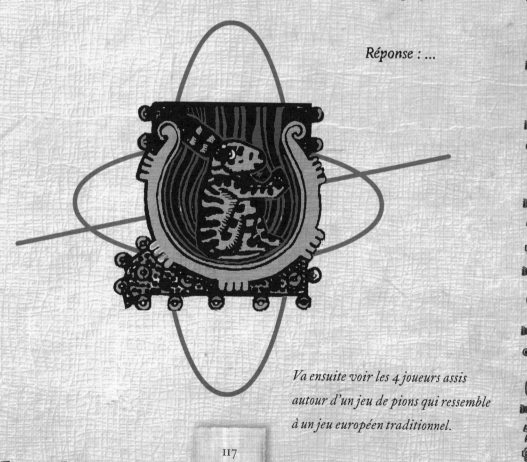

Va ensuite voir les 4 joueurs assis autour d'un jeu de pions qui ressemble à un jeu européen traditionnel.

7. KUKULCAN

Quetzalcoatl, le serpent à plumes, a un autre nom : Kukulcan.
De combien de manières peux-tu lire KUKULCAN dans ce diagramme ?

Les lettres peuvent se suivre horizontalement, verticalement ou en diagonale.
Une lettre ne peut être utilisée qu'une seule fois dans un même KUKULCAN.

```
              N
              A
              C
        L K   L
N A C L K U   U
      U K L K L C A N
      L
      C
      A
      N
```

Réponse : ...

Ce nombre te dira où aller.

8. OXOMOCO

Oxomoco est l'ami de Cipactonal car il est le dieu du Hasard, qui joue un rôle essentiel dans nos destinées. Il lance des grains de maïs comme nous lançons des dés. Il a lancé ceux de l'énigme ci-dessous. Lesquels sont les plus nombreux : les isolés, les groupes de 2 ou les groupes de 3 ?

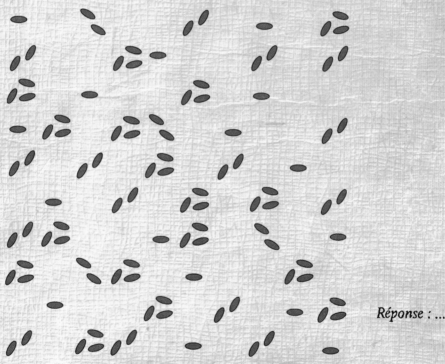

Réponse : ...

Trouve ensuite sur la carte Tlahuizcalpantecuhtli.

9. XOLOTL

Xolotl peut prendre la forme d'un chien, quand il aide les morts à traverser les 7 anneaux du fleuve Chicunappa pour atteindre le repos éternel.

C'est donc un chien qu'il te propos· de retrouver. Mais tu as besoin d· son nom. Pour le connaître, parcour· cette ronde de lettres en commençan· par X et en sautant de 3 en 3.

Réponse : ....

Trouve ce nom·

14 lettres sur la car·

10. XILONEN

Xilonen, la déesse du Jeune Maïs, t'a laissé un message. Il est écrit avec } l'alphabet posé sur la première page d'Aztawaku.

Déchiffre-le pour savoir où aller.

11. PETRAXCOATL

Petraxcoatl (littéralement : Celui qui pétrit pour Quetzalcoatl) propose une foule de petits pains et de gâteaux de maïs dégageant une odeur délicieuse. Les prix sont affichés dans le système maya car les Aztèques en ont hérité. Un point représente 1 et une barre représente 5.

Dans la logique de cet affichage, combien vaut la galette que tu convoites ?

Convertis ce prix en chiffre pour trouver ta prochaine destination sur la carte.

baguette   ...

pain   ·

miche   ....

croissant   ꞏꞏ

rond   ≡

galette   ?

12. LES QUIPUS

Le comptable fait ses comptes à l'aide de « quipus », des cordelettes représentant chacune un nombre. Chaque cordelette porte des groupes de nœuds. Supposons que le premier groupe donne les unités, le second les dizaines, le suivant les centaines, etc., la cordelette ci-dessus représente : 3 + 40 + 600 + 3000 soit 3643. Le comptable a devant lui 2 quipus qui symbolisent, à gauche les entrées de sacs de maïs, à droite les sorties. Combien lui reste-t-il de sacs ?

Réponse : ...

Additionne les chiffres du résultat pour savoir où aller.

13. CIPACTONAL

Que fait le dieu Cipactonal ? Pour le savoir, trouve la bonne lettre de départ et suis les traits de sa pyramide, car ils te révèleront son métier. *Une fois que tu as trouvé, rejoins Oxomoco pour avancer dans l'aventure.*

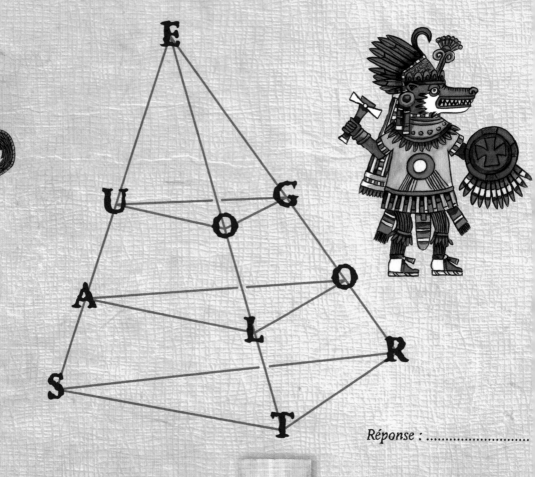

Réponse : ....

14. XOLOITZCUINTLE

Xoloitzcuintle, le chien sacré, est incomparable aux autres chiens. C'est un dieu vivant.

Il te propose de regarder une liste de races exceptionnelles. Tous leurs noms - sauf un - ont été recopiés, de droite à gauche, dans le tableau du dessous.

Trouve le nom manquant : son nombre de lettres t'indique où aller.

AZAWAKH
BARZOÏ
BOERBOEL
BUHUND
CHIHUAHUA
DOBERMAN
GREYHOUND
LAEKENOIS
ROTTWEILER
SCHAPENDOES
TERVUEREN
WACHTELHUND

D	N	U	H	L	E	T	H	C	A	W	F
O	N	E	R	E	U	V	R	E	T	I	U
M	L	H	K	A	W	A	Z	A	E	T	L
D	E	Z	I	O	Z	R	A	B	D	E	F
P	I	D	R	O	J	D	N	U	H	U	B
E	L	S	I	O	N	E	K	E	A	L	I
A	R	E	M	L	E	O	B	R	E	O	B
P	L	A	U	H	A	U	H	I	H	C	N
C	U	N	N	A	M	R	E	B	O	D	R
V	R	E	L	I	E	W	T	T	O	R	E
F	E	D	N	U	O	H	Y	E	R	G	A

15. MACUILXOCHITL

Les 4 joueurs viennent de terminer une partie de macuilxochitl. Ils comptent les points.

Achtli a moins de points que Echtli. Ochtli a plus de points que Echtli.

Ochtli a 2 fois moins de points que Uchtli. Qui est le gagnant de la partie ?

Trouve ensuite Coatlicue, la déesse à la jupe de serpents.

Réponse : ....

16. HUITZILOPOCHTLI

Le dieu du Soleil, Huitzilopochtli, te recommande d'aller voir une éclipse de lune chez le dieu de la Lune.

} Tu trouveras son nom en superposant les 3 couches ci-dessous :

Réponse : ....

Trouve sur la carte le dieu de la Lune.

17. LE DRAKKAR

Le bateau-serpent volant d'Ari Marson flotte sur un lac. Il a traversé l'Atlantique, poussé par les vents et guidé par les étoiles. Tu parles avec les marins et ils te posent un problème : sauras-tu relier toutes les étoiles ci-dessous en 5 traits droits qui s'enchaînent et reviennent au départ ?

Quand tu auras réussi, va rejoindre Xolotl, le dieu-chien de l'étoile du soir.

18. LA PIERRE DE SOLEIL

Le calendrier des Aztèques, appelé Pierre de Soleil, a été brisé et plusieurs morceaux ont été tournés d'un quart de tour. Repère-les.

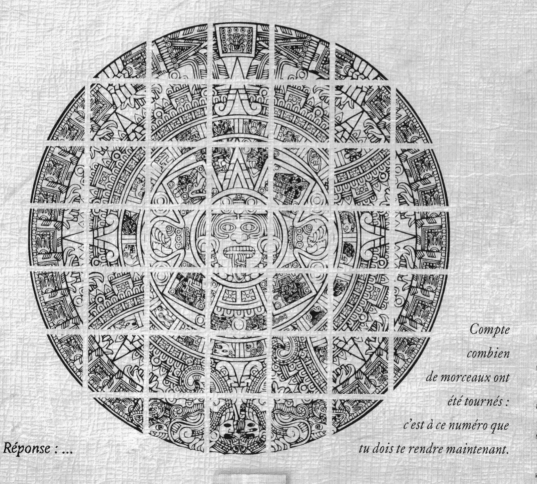

Compte

combien

de morceaux ont

été tournés :

c'est à ce numéro que

tu dois te rendre maintenant.

Réponse : ...

19. TLAHUIZCALPANTECUHTLI

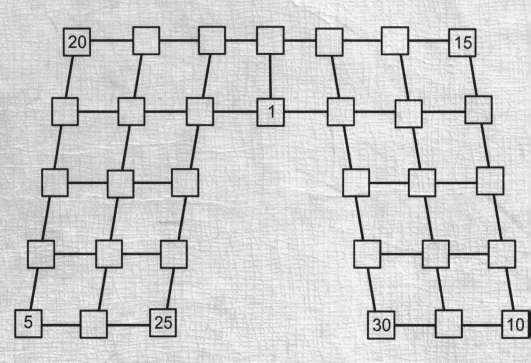

Tlahuizcalpantecuhtli est le dieu de l'Aurore. Son nom signifie : « le seigneur de la maison de l'étoile de l'aube ». Il attend que tu inscrives tous les nombres de 1 à 32 sur la porte de sa maison. Quelques-uns y sont déjà.

Complète la porte en prenant garde qu'autour de chaque case il n'y ait pas deux nombres qui se suivent, comme 1 et 2 ou 16 et 17.

Rends visite ensuite à Huitzilopochtli, plus bas vers l'ouest.

20. LA PYRAMIDE COLORÉE

Au pied de la pyramide colorée se tient un marchand de serpents. Ses serpents sont dressés pour tenir compagnie à toute la famille. Son conseil est bien énigmatique.

CHEZ DE VETEMENTS LE VA MARCHAND

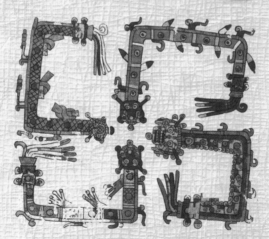

Remets les mots dans l'ordre dans les cases vides pour savoir où aller.

21. LES NÉNUPHARS

Un message flotte sur l'étang des nénuphars. Il ne peut pas se lire immédiatement car dans chaque mot, les lettres ont été mélangées. Remets-les dans l'ordre.

VA OI RV UN EI GLA

NEN AT MAG NE FI U GE

R US U N AT CU CS

Une fois les mots mis en ordre, tu sauras où aller.

22. COATLICUE

Coatlicue danse sa célèbre danse des 7 Serpents, quand ceux-ci se détachent ! Chacun forme une boucle qui s'enroule sur le sol. Combien sont-ils ?

C'est à ce numéro que tu dois te rendre ensuite.

Réponse : ...

23. LA PORTE DE MICTLANTECUHTLI

La porte par laquelle tu t'apprêtes à sortir est gardée par Mictlantecuhtli, le seigneur des Enfers.

Il te propose un choix de « treizaines » : les semaines aztèques de 13 jours. Ces semaines sont sous le signe d'un animal, d'un végétal ou d'un phénomène naturel.

Une année se décompose en 20 treizaines.

Il exige que tu les remettes en ordre, en partant de SILEX, de telle sorte que chacune n'ait aucune lettre commune avec celle qui la suit.

VAUTOUR CERF

MORT SILEX

LAPIN MAISON

SINGE FLEUR

LE CHIFFRE EST AVEC TOI !

Mictlantecuhtli, le dieu de la Mort, garde la porte de la sortie. En la franchissant, tu feras un long voyage dans le temps de plusieurs milliers d'années, pour atterrir dans le Yucatán. Mais auparavant, trouve le chiffre magique que Mictlantecuhtli a caché. Laisse ta loupe te guider, puis note-le soigneusement pour t'en servir à la recherche du trésor final.

Chiffre secret : ...

YUCATÁN, LA MYSTÉRIEUSE

À la sortie de la ville d'Aztawaku, grâce à l'aide surnaturelle de Mictlantecuhtli, tu as évité la descente aux enfers. Tu as voyagé dans le temps et tu es à Chicxulub, il y a 65 millions d'années.

À cette époque, un objet énorme a heurté la Terre. Tu imagines qu'il s'agit d'un vaisseau extraterrestre de 10 kilomètres de long. Il est constitué d'iridium, le métal le plus dur de l'univers.

À l'intérieur, un champ gravitationnel anti-inertiel a protégé les passagers. Ils ont à peine senti le choc. Tu arrives au moment où ils commencent à sortir pour explorer la planète. Ils sont peut-être les ancêtres des Mayas, venus du fond de l'univers pour peupler la Terre. N'oublie pas ta carte, elle te sera bien utile !

1. LE CRATÈRE DE CHICXULUB

Tu entames une conversation avec le premier astronaute sorti. Il est resté célèbre puisque sa statue est encore visible de nos jours. Il parle avec toi des étoiles qu'ils ont visitées au cours de leur voyage. Sur les 12 étoiles de la liste, 11 seulement sont écrites verticalement dans le tableau. Quelle est la 12e ?

ALDEBARAN
ALCYONE
CASSIOPEE
DENEB
DZHUBBA
EXCHITZLA
ELMUTHALLETH
ETTANIN
FORMALHAUT
FURUD
GOMEJZA
ISIS

H E F G H K X B N U V
T O M M E D R U H C A
E R I R F F U T S L D
L I N E F G E U N A A
L S A G E X E A L A S
A Q R A E A P H E N A
H U A Z N A O L X I B
T E B J O D I A B N B
U S E E Y U S M E A U
M I D M C R S R N T H
L S L O L U A O E T Z
E I A G A F C F D E D

Rends-toi au village qui porte ce nom et dans lequel l'astronaute a sa statue.

2. LE CÉNOTE SACRÉ

Les cénotes sont des trous d'eau sacrés fournis par les dieux pour observer les étoiles. Sans faire de rectangle, sauras-tu parcourir ces 8 étoiles en 4 traits qui s'enchaînent, sans lever le crayon et en revenant au point de départ ?

Ensuite, pour voir les étoiles de plus près, va à l'énigme portant le numéro de la pyramide-observatoire de Chichen Itza.

3. LE CHAKANA MAGIQUE

Arrivé(e) près du chakana, tu découvres 2 pavés magiques au sol. Tu essaies de les assembler, de telle sorte que l'un touche l'autre par au moins un côté. Tu cherches les figures qui ne sont pas semblables quand on les fait tourner sur elles-mêmes et tu en trouves 4. Les pavés sont des figures complexes. En existe-t-il une autre ?

Trouve sur la carte le 2ᵉ lieu qui comporte des pavés magiques et résous l'énigme qui correspond à leur numéro.

4. LE PORTIQUE DE KABAH

Le portique de Kabah a été construit pour tester la pureté des esprits. Passe en dessous. Si ton âme ne contient aucun mensonge, le portique restera silencieux.

Comme la sirène ne s'est pas déclenchée, tu peux poursuivre ton exploration.

Obéis à la phrase située sous le portique mais après avoir corrigé le texte selon la logique de ses lettres grises.

SUIS
TON
CHEMIN
JUSQU'AU
TEMPLE
DE LABNA

5. LA CREVASSE DES SYMBOLES

Traverse ce réseau de symboles du nord-ouest au sud-est. Saute de couple en couple, en choisissant le suivant de telle sorte qu'il ait une moitié en commun avec le précédent.

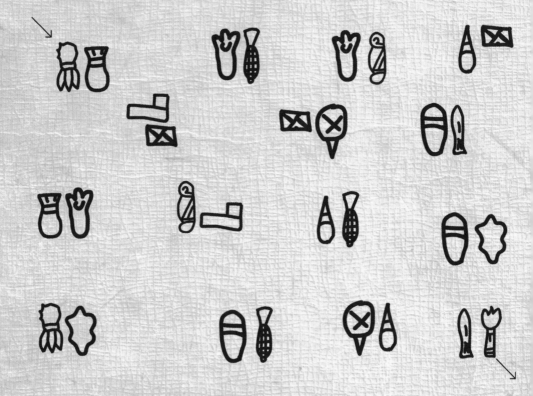

Va ensuite trouver le message de Cascajal écrit avec ces mêmes symboles sur une pierre.

6. LE TEMPLE AUX 7 VISAGES

Le temple a été construit en l'honneur des 7 premières femmes astronautes ayant mis le pied sur la Terre. Il représente leurs visages. À midi, le jour du solstice du printemps, le soleil passe exactement entre ses 2 portes. À cet instant, la lumière solaire illumine un autel numérique, érigé à la gloire du nombre 7.

Combien de multiples de 7 peux-tu lire en rapprochant 2 chiffres connectés ?

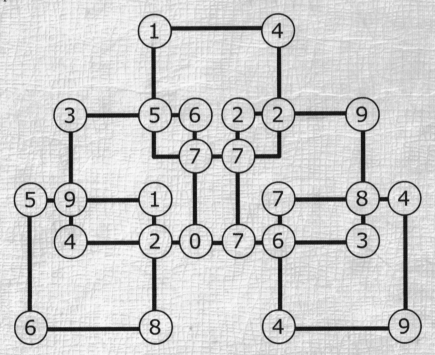

Va à ce nombre sur la carte.

Réponse : ...

7. LE SAPOTIER

Le sapotier devrait être appelé « l'arbre à chewing-gum », car il suffit d'entailler son écorce pour faire couler une résine que l'on peut mâcher. Tu en profites et tout en mâchonnant, tu vois à tes pieds une pierre brisée en 4 morceaux. En les superposant, tu pourras lire le nom d'un oiseau de l'époque, une sorte de dinosaure volant.

Va le voir sur la carte pour résoudre l'énigme portant son numéro.

8. CHAC-MOOL

Chac-mool est un plaisantin. Il cache une partie du dessin géométrique et te regarde effrontément en te disant : sauras-tu deviner ce que je cache ?

Si Chac-mool n'était pas venu s'asseoir devant, combien y aurait-il de zones simples dans le dessin, non coupées par une ligne ?

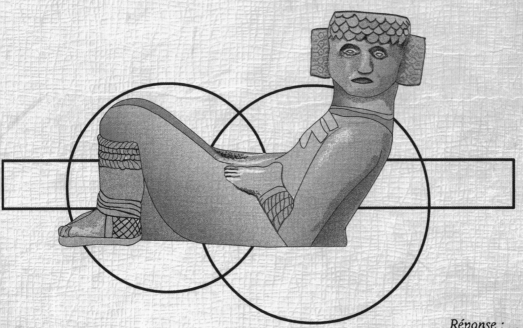

Réponse : ...

Rejoins ce nombre sur la carte pour résoudre l'énigme suivante.

9. LE MUR DE MASQUES

Le mur de masques a été vandalisé par des voyous machiavéliques. Ils ⟩ ont découpé la paroi en carrés égaux et en ont tourné certains d'un quart de tour.

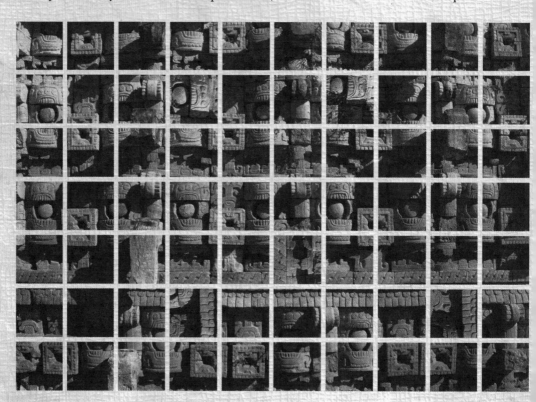

Entoure et compte avec précision combien de carrés ont été tournés car c'est à ce nombre que tu dois maintenant te rendre sur la carte.

Réponse : ...

10. LA NAVETTE

La machine qui est devant toi est une navette que les extraterrestres utilisent pour se déplacer rapidement. Plus tard, les Mayas et les Aztèques s'en souviendront et en feront un symbole important de leur langage. De nos jours, tout un sport d'équipe est organisé autour de cet objet. Tu vas pouvoir t'en servir toi-même, si tu te montres capable de relier VAISSEAU à NAVETTE en une chaîne de mots où chacun commence sur la dernière syllabe du précédent, sans se préoccuper de l'orthographe.

VAISSEAU GENA SONNERIE RIVAL TETU
SAUVAGE PERSONNE AGITER TULIPE
VALLEE HYPER LEGER NAVETTE

Avec ta navette, tu fais concurrence à l'homme-papillon. Trouve-le sur la carte, puis résous l'énigme portant son numéro.

11. DISTANCES LOGIQUES

Un poteau indicateur affiche les distances vers les différentes villes. Comme les habitants ne plaisantent pas avec la logique, chaque distance dépend très logiquement du nom de la ville. Tu ne tardes pas à comprendre comment et tu en déduis la distance d'UXMAL.

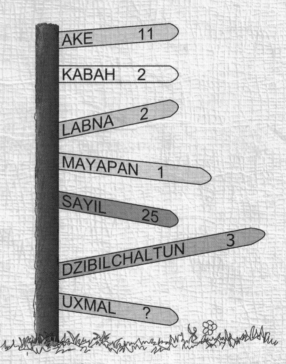

AKE — 11

KABAH — 2

LABNA — 2

MAYAPAN — 1

SAYIL — 25

DZIBILCHALTUN — 3

UXMAL — ?

Sur la carte, trouve la navette qui facilitera tes déplacements.

Rends-toi à l'énigme portant son numéro.

12. CHICHEN ITZA

La pyramide a été la première construction des voyageurs de l'espace. Ils avaient besoin d'un observatoire pour scruter le ciel, à la recherche de messages de leur planète d'origine. Il leur fallait aussi un point de vue élevé pour mieux surveiller la région et ses dinosaures.

L'observatoire leur a permis très rapidement d'identifier les planètes du système solaire dans lequel ils venaient d'arriver. Ils ont posé alors un mégalithe au sommet, comportant les lettres nécessaires à l'écriture du nom des planètes. À la suite d'une erreur, un nom ne peut pas être écrit. Lequel ?

MERCURE

VENUS

JUPITER

MARS

SATURNE

NEPTUNE

URANUS

QDFH
JLAMZ
GOPRI
SETKU
CWNX
BY

Passe ensuite sous le portique de Kabah
pour résoudre l'énigme qui correspond à son numéro.

13. EXCHITZLA

Le village a eu la visite d'un dino-saure extrêmement dangereux. Il fait 7 mètres de long et chacune de ses cornes mesure un mètre. Tu peux le vaincre si tu parviens à trouver son nom exact sur ce cercle. Pars de la bonne lettre puis saute régulièrement d'un même nombre de lettres, 2, 3 ou autre. Indice : son nom se termine par « CÉRA-TOPS ».

Réponse : ....

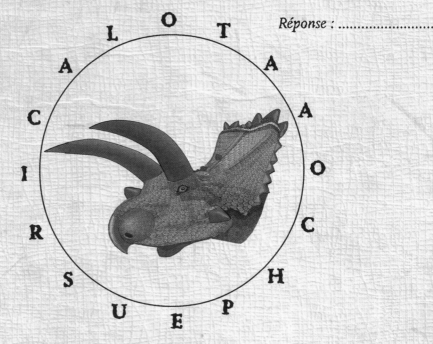

Le monstre a été mis en fuite. Retrouve-le sur la carte, puis va vite résoudre l'énigme correspondante.

14. OLMEC

Tu es devant la tête d'Olmec, le capitaine du vaisseau. Sa descendance va donner plus tard la civilisation olmèque qui précédera les Mayas dans le Yucatán. Il est très respecté pour avoir réussi à poser le vaisseau extraterrestre, avec ses passagers, sur une planète habitable. Sur sa tête, compte combien de fois tu peux lire son nom en suivant des lettres qui se touchent.

Réponse : ...

Rends-toi ensuite auprès du Yuka-ku.

15. LE TEMPLE DE LABNA

Labna est un portique qui teste ton aptitude à manier les signes arithmétiques. Sauras-tu introduire les signes + et - aux bons endroits entre les chiffres pour obtenir 18 ?

1
2 4
5 6
7 8 9

— — — — — — — — — — — — — = 18

Cela fait, rends-toi à l'énigme portant le résultat de ton opération.

16. LE COAHUILACÉRATOPS

En t'approchant, tu observes avec soulagement que le coahuilacératops n'est pas du tout aussi dangereux qu'il en avait l'air. C'est un herbivore sous le charme semble-t-il d'un chien chanteur, une race maintenant disparue.

En réalité, le chien chante pour toi. Les paroles de sa mélopée te disent où aller. Mais prends garde, comme il est poète, il a introduit dans son texte des mots inutiles qui contiennent un nombre impair de lettres. Raye-les.

VA NON PAS AU LOIN DES MONTAGNES SINON
PRES DU MAUVAIS SAPOTIER MANGER UN BON
POISSON EVITANT SON CHEWING-GUM

Va voir ce qu'il t'indique sur la carte et résous l'énigme qui porte ce numéro.

17. LE PAVAGE PIÈGE

Le dessin de ce pavage est un piège mental. Il est dangereux de le regarder plus de quelques secondes. Si ton œil le fixe plus longtemps, ton cerveau entreprend de compter combien de chakanas différents sont superposés pour le réaliser. Cela peut prendre un temps infini et te transformer en statue. Néanmoins, tu dois t'armer de courage et tenter de compter les chakanas.

Combien en vois-tu ?

Rends-toi à ce nombre sur la carte pour résoudre l'énigme.

Réponse : ...

18. LE SOUTERRAIN

Va dans le souterrain où 2 tablettes t'attendent. Tu vas devoir les tourner et les superposer pour les lire.

Tu sauras ainsi où aller pour ta dernière étape. Un engin t'y attend, prêt à décoller.

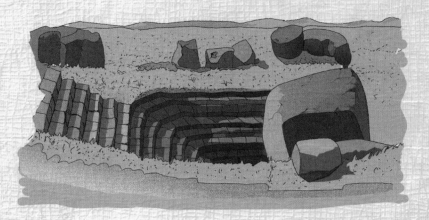

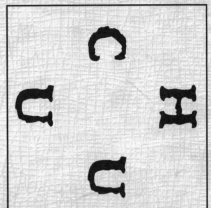

Réponse : ....

19. L'ARCHAEOPTERYX

Réponse : ...

L'archaeopteryx, curieux comme une pie, est attiré par tout ce qui brille. Il vient de laisser tomber ce qu'il tenait dans son bec : un yuca-pad de tiwanaku, gadget de l'époque servant à compter.

Un point devient noir ou blanc quand on le touche. Il est noir quand il est activé. Chaque point activé vaut 2 sauf ceux du bas, qui valent un chacun.

La colonne de droite est multipliée par un, la suivante à gauche par 10, la troisième par 100, la quatrième par 1000, la dernière à gauche par 10 000. Quel est le nombre affiché sur ce yuca-pad de tiwanaku ?

Marche ensuite vers le sud, jusqu'au mur de masques pour faire l'énigme portant son numéro.

20. LE YUKA-KU

Ce yuka-ku traditionnel doit porter tous les nombres de 1 à 24. Il prend tous ses pouvoirs lorsque autour de chaque carré il n'y a pas 2 nombres qui se suivent. À toi donc de finir de le remplir avec les 19 nombres qui manquent.

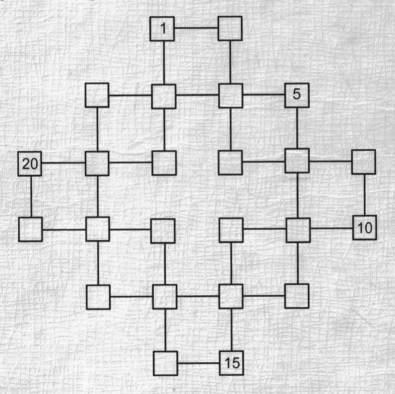

Cela fait, ne crains plus de te rendre auprès du Cénote sacré où se reflètent les étoiles, afin de résoudre l'énigme qui lui correspond.

21. CASCAJAL

Les extraterrestres que tu rencontres restent mystérieux et refusent de te dévoiler tous leurs secrets. Ils ne t'apprennent pas à lire leur langage et tu ne peux pas déchiffrer le message gravé dans la pierre à Cascajal. Par contre, tu apprends que la somme des signes gravés ci-dessous constitue un nombre magique.

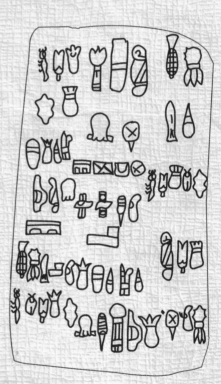

Quand tu as trouvé ce nombre, la somme de ses chiffres te dira où aller.

Réponse : ...

158

22. L'HOMME-PAPILLON

L'homme-papillon est une créature secrète, difficile à rencontrer. Il est doué de divination et apparaît souvent avant les catastrophes pour les annoncer.

Tu profites de l'occasion pour l'interroger sur le chemin que tu dois suivre. Il te conseille de remettre en ordre les mots du serpent divinatoire.

CHAKANA PROTEGERA TE

LA POUR TON DE

LE MAGIQUE QUI

VOYAGE

CHERCHE FIN

Rends-toi au lieu indiqué pour résoudre l'énigme qui porte son numéro.

23. L'ADIEU AUX ASTRONAUTES ET À LEUR VAISSEAU

SODIUM ARGENT TANTALE PLOMB IRIDIUM ETAIN COBALT OR FER OSMIUM ZINC

Le moment est venu de quitter les astronautes pour revenir à notre époque. Avant de partir, tu assistes à un spectacle grandiose : ayant définitivement décidé de rester sur Terre, les astronautes brûlent leur vaisseau. Ils réduisent en cendres son immense structure d'iridium qui leur a permis de traverser l'espace. Il ne restera que le vaste champ d'atterrissage.

L'incendie a un autre but, très pratique. Les cendres d'iridium forment un nuage gigantesque qui recouvre peu à peu la planète dans son entier. Le ciel va rester sombre pendant des mois et des années. La température va baisser, jusqu'à être trop basse pour les dinosaures, qui vont disparaître. Quand le soleil réapparaîtra, la planète sera débarrassée de ces encombrantes bêtes féroces.

À l'occasion du nuage d'iridium, et comme jeu final, remets en ordre ces 11 métaux, de SODIUM à OSMIUM, de telle sorte que chacun n'ait aucune lettre commune avec celui qui le précède.

TON TRÉSOR T'ATTEND

Les astronautes se sont servis d'un chiffre pour conduire leur vaisseau et atteindre la Terre. Ils y sont restés et sont sans doute devenus les Mayas et les Aztèques. Par contre, pour que des milliers d'années plus tard, leurs descendants puissent quitter la Terre dans un nouveau vaisseau, ils ont caché le chiffre magique. Trouve-le et garde-le pour ta recherche du trésor final.

Chiffre secret : ...

Enfin, le grand moment est arrivé où tu touches à la fin de ta quête. Les 6 chiffres que tu as conservés forment le nombre ultime, la clé du message qui va te mener au trésor, si tu les arranges dans cet ordre :

Sers-toi de la carte générale en début et fin d'ouvrage

Machu Picchu   Nazca   Ixkxlal   Cahokia   Aztawaku   Yucatán

---   ---   ---   ---   ---   ---

Place ensuite ce nombre, en le répétant, sous les lettres du message secret.

RQLQPZ QTO HU XYQQA FZ KZPMOZ B'NO

AN XMMPALQC-KB AH HCLLELZ

AZO EF ZQS QKH GGDK

IUBGPRA UQCB IA XDCT AQ MJJDFH

En partant de chacune des lettres du message, déplace-toi dans l'alphabet ci-contre, en fonction du chiffre écrit sous chaque lettre. Si c'est 1, décale-toi d'1 lettre après celle du message... ; si tu arrives au bout, repasse par le A.

LA CITADELLE DE MACHU PICCHU

1. L'ESPRIT GARDIEN LA PORTE *p. 8*
VISITE LE CIMETIÈRE VERS
LE SUD DE MA CITADELLE. Va en 14.

2. LES LAMAS *p. 9*
Tous sauf le puma. Va en 7.

3. LA MAISON DU GARDIEN *p. 10*
Tu peux entrer dans la Citadelle. Va en 6.

4. LA PLACE SACRÉE *p. 11*
Il n'y a qu'un seul triangle caché. Va en 9.

5. INTIHUATANA *p. 12* Va en 4.

6. LA PORTE, ENTRÉE DE LA CITADELLE *p. 13*
Il y a 8 manières différentes de plier la carte.
Tu choisis de commencer par plier le pli horizontal
ou le pli vertical. Ensuite, tu choisis de plier ce
premier pli vers l'intérieur ou vers l'extérieur.
Enfin, tu choisis de plier le second pli vers
l'intérieur ou vers l'extérieur.
Au total : 2 x 2 x 2 = 8 choix.
Va en 16.

7. AU PIED DE LA PYRAMIDE *p. 14*
Serpent - Pentes - Sente - Nets - Net. Va en 5.

8. LE ROC FUNÉRAIRE *p. 15*
Par exemple : 123 - 999 - 846 - 555 - 792 - 162 – 492.
Va en 3.

9. LE GRAND TEMPLE *p. 16*
Plusieurs
solutions
sont possibles.
En voici une :

Va en 17.

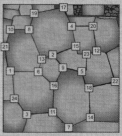

10. LA FONTAINE *p. 17*
Ollantaytambo ne peut pas être écrit avec le carré de
lettres car on n'y trouve pas la lettre L. Va en 15.

11. LE TEMPLE DU SOLEIL *p. 18*
Protecteur - Puissant - Pâle - Paisible - Plein -
Pénétrant - Permanent. Va en 12.

12. LA TOMBE ROYALE *p. 19*
VISITE LE CIMETIÈRE VERS LE SUD
DE MA CITADELLE. Va en 18.

13. LES MIROIRS D'EAU *p. 20*

La solution :

Va en 11.

14. LE CIMETIÈRE *p. 21*

Il y a 4 manières de commencer le mot INCA :
par IN à gauche, en haut, à droite ou en bas. Ensuite,
il y a chaque fois 2 lettres C à choisir, puis un seul A.
Il y a donc 2 x 4 = 8 façons de lire INCA dans ce
diagramme. Les Incas sont déposés ici depuis 8
siècles. Va en 8.

15. L'ESCALIER INFINI *p. 22*

Puisqu'il monte un jour 5 marches et redescend le
lendemain 2 marches, le dieu du sommeil monte 3
marches tous les deux jours. On pourrait donc penser
qu'il atteint le sommet des 30 marches en 10 fois 2
jours, soit 20 jours, puisque 30 est 10 fois 3.
Ce n'est pas tout à fait exact : au bout de 18 jours il a
monté 9 fois 3 marches, monte les 3 dernières marches
avant d'avoir fini sa journée. S'il s'endort c'est en haut
de l'escalier, au bout de 19 jours. Va en 19.

16. LA PLAGE CENTRALE *p. 23*

Comme il y a 8 têtes, si toutes appartenaient à des
hommes, il y aurait 2 x 8 = 16 pieds. Mais il y a 20
pieds, soit 4 pieds de plus, ils ne peuvent
qu'appartenir à des lamas, 2 par lama, donc 2 lamas.
Ainsi il y a au total :
– 6 hommes, avec leurs 12 pieds ;
– 2 lamas, avec leurs 8 pieds. Va en 2.

17. LES MAÇONS SANS MORTIER *p. 24*

Tu peux voir 13 carrés ou rectangles au total :
7 rectangles ou carrés élémentaires ; 3 composés de 2
zones ; 1 composé de 3 zones ; 1 composé de 5 zones ;
le rectangle total, composé des 7 zones de base.
Va en 13.

18. LA CRYPTE ROYALE *p. 25*

Cucohutoek est écrit avec des lettres différentes
des quatre autres rois, qui eux sont formés des mêmes
lettres. Va en 10.

19. LE BAIN ROYAL *p. 26*

Le morceau en bas à droite
n'est pas de la bonne taille : sa
frise et ses détails sont deux
fois plus gros que sur les
autres morceaux.
Voici l'original complet :
Va en 21.

20. LA PRISON *p. 27*

Deux cordes.
Va en 22.

21. LE TEMPLE DU CONDOR *p. 28*

Le condor en bas
à droite n'a pas
le même œil
que les autres.
Va en 20.

22. DU SOLEIL À LA LUNE *p. 29*

SOLEIL - LAMA -
ANIMAL - LIVRE - EXPÉDITION - NUIT -
TERRE - ENVIE - ÉCHO - OEUF - FUTUR -
RUE - ESSAI - IL - LUNE. Va en 23.

23. LE ROC SACRÉ *p. 30*

Saute de 2 en 2 pour lire ARCHÉOLOGUE.

Le chiffre secret se trouve près du Temple du soleil.

LES CATACOMBES DE NAZCA

1. LES MOMIES *p. 34*
« Mentirions » et « n'affirmions pas » s'annulent en se contredisant. Tu dois donc aller voir le singe, en 12.

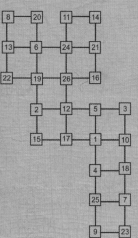

2. L'ALGUE *p. 35*
Voici une disposition des nombres de 1 à 26 qui respecte la règle. L'oiseau au long bec sur la carte est le héron de l'énigme 3.

3. LE HÉRON *p. 36*
1 + 2 + 3 + 4 - 5 - 6 + 7 + 8 + 9 = 23
Va donc en 23 affronter le poulpe.

4. LES RECTANGLES *p. 37*
Il y a 5 rectangles d'une case, 4 rectangles de deux cases et 2 rectangles de 3 cases. Il y a donc 11 rectangles au total (5 + 4 + 2 = 11). Va en 11.

5. LA GRANDE SPIRALE *p. 38*
Chaque N touche un seul A, qui touche un seul Z, qui touche 2 C. Un des C touche un seul A, l'autre touche 2 A. Chaque N commence donc 3 NAZCA. Comme il y a 4 N, il y a 3 x 4 = 12 NAZCA. La moitié de 12 est 6. Tu dois donc aller en 6.

6. L'ARAIGNÉE *p. 39*
P - lit - camp = pélican, qui se trouve en 20.

7. L'OISEAU *p. 40*
5 morceaux ont été déplacés. Va donc en 5.

8. LE COLIBRI *p. 41*
Les colibris sont au nombre de 7. Va maintenant en 7.

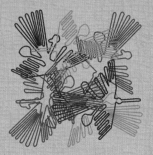

9. LA BALEINE *p. 42*
BALEINE - ÉLÉPHANT - TORTUE - ÉTUI - ÎLE - ÉTÊTER - RIVAGE - EFFORT - TA - AVEC - CONDOR.

Va voir le condor, en 14.

SOLUTIONS

10. L'ASTRONAUTE *p. 43*
Le mot oublié est l'Alligator, de l'énigme 22.

11. LE PERROQUET *p. 44*
PERROQUET - QUÉBÉCOIS - OISEAU -
OCÉAN - ENCLUME - HUMÉRUS - USUEL -
ÉLÉPHANT - ENVIRON - RONDEAU -
DOMICILE - SILO - LOCAL - QUALITÉ -
TÉMÉRAIRE - ERREUR - EURÉKA -
CACATOÈS
Il y a 16 mots entre PERROQUET et CACATOÈS.
Va voir la mouette en 16.

12. LE SINGE *p. 45*
GORILLE-PATAS-COLOBE-MAKI-BONOBO-
LÉMUR-GIBBON-VERVET-BABOUIN.
Va voir la baleine en 9.

13. LA FLEUR *p. 46*
Toutes les fleurs peuvent se placer, sauf le lis, dont la
première lettre est identique à la première lettre du
mot lézard. Va maintenant en 21.

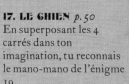

14. LE CONDOR *p. 47*
Le colibri, en 8.

15. LES COQUES *p. 48*
« Rends-toi sur une algue ». Rejoins l'algue en 2.

16. LA MOUETTE *p. 49*
Le morceau en bas à droite, qui est le bas du bec, a été
retourné sur lui-même.
Les coques en 15 sont ta
prochaine étape.

17. LE CHIEN *p. 50*
En superposant les 4
carrés dans ton
imagination, tu reconnais
le mano-mano de l'énigme
19.

18. L'ARBRE *p. 51*
Le prix de chaque objet correspond au nombre de ses
lettres. Va en 10.

19. LE MANO-MANO *p. 52*
Il manque le nombre 18 (2 x 9 = 18). Rends-toi au
numéro 18 de la carte .

20. LE PÉLICAN *p. 53*
« VA SUR L'ANIMAL QUI AIME ABOYER ».
Rends visite au chien en 17.

21. LE LÉZARD *p. 54*
MORDU PAR UN SERPENT, IL CRAINT LE
LÉZARD.
La phrase contient 4 fois la lettre E. Rejoins les
rectangles en 4.

22. L'ALLIGATOR *p. 55*
La fleur est libre car elle passe au-dessus et en
dessous de la baleine. Rejoins-la en 13.

23. LE POULPE *p. 56*
Q manque, ce qui rend impossible l'écriture du mot
PERROQUET.

165

Le chiffre secret se trouve dans le Roc du poulpe.

IXKXLAL, LA VILLE AUX CENT PYRAMIDES

1. LA PORTE DE LA CITÉ *p.60*
Il faut avancer de 3 en 3 lettres : AGRICULTEUR.
Rends-toi à Ah Mun : n°3.

2. LA PYRAMIDE KANJOBAL *p.61*
PYRAMIDE - ÉPIS - SIGNAL - LAMPE -
ÉTEINT - TENTES - SECOURS - SANTÉ -
ÉPUISER - RAT - TOURS - SEL - LAMES -
SAC - CRYPTE. Rends-toi en 21.

3. AH MUN *p.62*
L'ovale en bas à gauche contient des signes tous
différents de ceux qui se trouvent dans les autres zones.
Le signe se trouve sur le toit de la sudo-pyramide : n°5.

4. LA PYRAMIDE DES SIGNES *p.63*
À présent, va à la pyramide du savoir en 16.

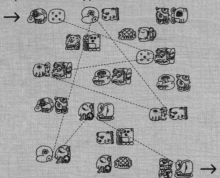

5. SUDO-PYRAMIDE *p.64*
Rends-toi chez les comptables, en 7.

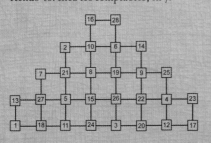

6. LE VIEUX TEMPLE *p.65*
Le premier morceau à gauche de la deuxième rangée
regarde à droite alors que tous les visages regardent
à gauche.
Rends-toi au temple du condor, en 12.

7. LES COMPTABLES *p.66*
Avec nos chiffres, l'addition est 8 + 2 + 9 + 3, dont le
total = 22. Or le total écrit est quatre traits plus trois,
soit 4 x 5 + 3 = 23. Le total comporte un point de trop.
Rends-toi chez le carreleur en 13.

8. L'ARCHITECTE *p.67*
Dirige-toi vers la porte des démons
en 23.

9. LE TEMPLE DE LA LUNE *p.68*
LUNE - UNIVERS - VÉRITÉ - TERMINER -
NÉANT - EMBARRAS - RABOT - BEAUCOUP
- COUPER - PÉTRIN - RINCER - SÉRIE -
RIGOLA - LAPIN.
Va à l'énigme n°11.

10. L'ASTRONOME *p.69*
À présent, va en 22.

11. LA SPIRALE LABYRINTHE *p. 70*
VA VERS LE NORD, TROISIÈME COIN À
DROITE : l'Astronome en 10.

12. LE TEMPLE DU CONDOR *p. 71*
On ne pourrait compter que 3 rectangles : 2 grands
rectangles et leur intersection.

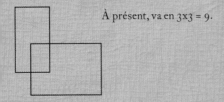

À présent, va en 3x3 = 9.

13. LE CARRELEUR *p. 72*
Une autre possibilité : les 2 dominos bout à bout.
Rends-toi au temple du félin, en 17.

14. LE POÈTE *p. 73*
VA VOIR LE LAPIN SUR SA PYRAMIDE :
n°19.

15. LA PYRAMIDE DES MAYAS *p. 74*
Le M du sommet fait 2 MAYA car il touche un seul
A, puis Y qui mène à deux A différents. Pareil pour
les M du bas, qui touchent chacun un seul A, puis Y
et deux A. Donc 3 x 2 = 6 MAYA.
Par contre chaque M intermédiaire touche deux A,
qui mènent chacun à 2 MAYA, soit 4 en tout. Donc
2x4 = 8 MAYA et 14 avec les 6 précédents. Donc, va
au n°14.

16. LA PYRAMIDE DU SAVOIR *p. 75*
Il s'agit du TISSERAND, qui se trouve près de la
pyramide des Mayas, en 15.

17. LE TEMPLE DU FÉLIN *p. 76*
LÉOPARD. Va à l'énigme n°18.

18. LES LÉOPARDS *p. 77*
Le léopard de 6 ans est le seul à ne pas être pris dans
une boucle. Va donc en 6.

19. LA PYRAMIDE DU LAPIN *p. 78*
À droite il manque la VISCACHE. Comme son nom
a 8 lettres, va en 8.

20. LE VOYAGEUR *p. 79*
La pyramide de lettres ne contient pas la lettre K,
indispensable pour écrire Kanjobal. Va donc en 2.

21. LES GUERRIERS *p. 80*

Rends-toi à la pyramide des signes, en 4.

22. LE PÂTISSIER *p. 81*

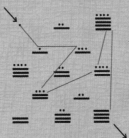

Va voir le voyageur en 20.

23. PORTE DES DÉMONS *p. 82*
Il y a 7 multiples de 5 sur les faces de pyramides :
5+2+3 ffi 10, 5+7+3 ffi 15, 9+8+3 ffi 15, 7+8+0 ffi 15,
7+2+1 ffi 10, 1+2+7 ffi 10, 7+7+1 ffi 15.

*Le chiffre secret se trouve près de la pyramide
de l'astronome.*

CAHOKIA, LA CITÉ DES MONTICULES

1. LANGUE-FOURCHUE *p. 86*
Tu évites la porte des Démons et tu vas à la porte palissade, en 2.

2. LA PORTE PALISSADE *p. 87*
Il existe bien une troisième manière de disposer 6 cailloux ronds. La voici :

Tu retrouves ce symbole en 11. Vas-y !

3. PETITE CAGE *p. 88*
L'animal est un COYOTE, qui se trouve sur la carte en 10.

4. LA PYRAMIDE MIC-MAC *p. 89*
Le signe unique est celui-ci :

3H

Ce symbole se trouve en 17 sur la carte !

5. RENARD-LETTRÉ *p. 90*
MARCHE OUEST DANS LA PYRAMIDE.
Une petite pyramide est ouverte à l'ouest et en 22 ,tu y rencontreras le Maître des serpents.

6. LE TOTEM CHAUVE-SOURIS *p. 91*
1 + 2 + 3 + 4 + 5 - 6 - 7 - 8 + 9 = 3. Va en 3.

7. LE CARRÉ MIC-MAC *p. 92*
Le M de gauche mène à deux ICMA possibles, chacun menant à deux C, 2 x 2 = 4, donc 4 MICMAC. Le M du bas à droite mène aussi à deux ICMA possibles, allant chacun à deux C, soit 4 MICMAC possibles également. Au total : 8 MICMAC.
Va donc en 16.

8. OREILLE-DE-MOUCHE *p. 93*
TAMBOUR - ROUGE - ÉLEVÉ - ÉTÉ - ENVOYER - RIT - TROT - TROIS - STOP - POUSSIF - FLÛTE.

Rends-toi en 12.

9. OREILLE-DE-LYNX *p. 94*
Si le tambour n'était pas posé sur le sol, tu pourrais voir 4 triangles : 2 simples et 2 qui sont formés par 2 triangles accolés. Va donc en 8 maintenant (2 x 4 = 8).

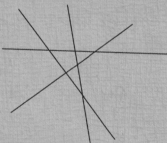

10. LE COYOTE *p. 95*
COYOTE - OTARIE - RITOURNELLE - ÉLEVAGE - AGITAIT - TÉMÉRAIRE - ERREUR - HEUREUX - RETOUR - TOURMENT - MENTAL - TALUS - LUNE
L'animal à retrouver est l'otarie, en 15.

11. PINCEAU-INSPIRÉ p.96

5 morceaux ont été déplacés. Va à ce numéro sur la carte pour rencontrer Renard-Lettré.

12. L'ATTRAPE-RÊVES p.97

Il manque le mot CAUCHEMAR. 7 lettres différentes composent ce mot : CAUHEMR. Va en 7, dans le carré Mic-Mac.

13. BISON-INTRAITABLE p.98

Tu peux compter 9 bisons. Rends-toi maintenant en 9 pour regarder de près le tambour d'Oreille-de-Lynx.

14. LA ROUE DE LETTRES p.99

Tu dois sauter de 5 en 5 pour trouver la chauve-souris. Va à son totem, en 6.

15. L'OTARIE p.100

VA RENCONTRER LE SHAMAN DANS LA PYRAMIDE SUD-EST.
Tu dois donc maintenant te rendre en 18 pour rencontrer le Shaman.

16. LE PANNEAU COUPÉ p.101

Il s'agit du WAPITI. Va le retrouver en 19.

WAPITI

17. FILET-DE-BISON p.102

Le prix d'un aliment est le rang de sa dernière lettre dans l'alphabet. Le prix du caribou est donc 21, puisque U est la lettre 21 de l'alphabet. Rends-toi en 21.

18. LE SECRET DU SHAMAN p.103

Va rencontrer le spectre en 23.

19. LE WAPITI p.104

Le wapiti le plus âgé a 14 pointes de bois. Rends-toi à ce numéro sur la carte.

20. LE GRAND TOTEM p.105

Seul MICMAC peut s'écrire avec les lettres du totem. Va rencontrer le voyageur Mic-Mac au pied de sa pyramide, en 4.

21. ESPRIT-TRAPU p.106

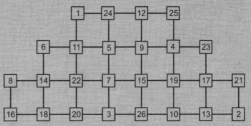

La moyenne de ces nombres est 13. Rends donc visite au Bison-Intraitable.

22. LE MAÎTRE DES SERPENTS p.107

Si l'on tire sur la tête et la queue, un nœud apparaît. Rends-toi maintenant au grand totem, en 20.

23. LE SPECTRE p.108

Le nom secret du crotale est : MISSOURI.

Le chiffre secret est près du totem Chauve-souris.

AZTAWAKU, CHEZ LE SERPENT À PLUMES

1. LA PORTE DE LA CITÉ *p. 112*
SERPENT - PANSEMENT - MANTEAU - TORRENT - RANGER - GÉNÉREUX - RETOURNER - NÉNUPHAR - FARDEAU - DOMICILE - SILENC - LANCER - SERRURE RURAL - RALLIEMENT - MENTIR - TIRER- RÉCIT - CIRA - RAMASSER - CÉDER -DÉPLU - PLUME. La plante est le NÉNUPHAR. Va en 21.

2. LE MARCHAND DE VÊTEMENTS *p. 113*
HOMME-EFFET-TARTE-ÉLUS-SOUFFRIR- RISQUE-ENRICHIES-SE-EXTRA-ACTUEL- LÉOPARD. Rends-toi en 23.

3. TLACHTLI *p. 114*
$2 - 3 - 4 + 5 - 6 + 7 + 8 - 9 = 0$.
Le dieu Cipactonal est en 13.

4. LES CACTUS *p. 115*
Les zapotes ne peuvent pas s'écrire car il manque la lettre Z. Va donc en 7, son nombre de lettres.

5. ARI MARSON *p. 116*
MON BATEAU ATTEND TA VISITE.
Va donc trouver le drakkar sur la carte : en 17.

6. TECCIZTECATL *p. 117*
8 zones.

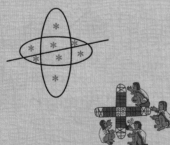

Retrouve ce jeu en 15 :

7. KUKULCAN *p. 118*
Chaque K mène à 2 U, menant chacun à 2 K, puis un seul U disponible. Donc 3 x 2 x 2 possibilités, soit 12 au total. Va en 12.

8. OXOMOCO *p. 119*
Il y a 19 groupes de 2, les plus nombreux. Va voir Tlahuizcalpantecuhtli en 19.

9. XOLOTL *p. 120*
Xoloitzcuintle. Rejoins-le en 14.

10. XILONEN *p. 121*
« VA À LA PYRAMIDE BLEU ET ROUGE ».
Donc rends-toi à la pyramide colorée en 20.

11. PETRAXCOATL *p. 122*
Les prix progressent de 3 en 3, soit 3, 6, 9, 12, 15. Va en 18 :

12. LES QUIPUS *p. 123*
Les deux quipus valent 452 et 321. Il reste donc la différence, soit 131 sacs de maïs. Comme 1 + 3 + 1 vaut 5, rends-toi à ce numéro sur la carte.

13. CIPACTONAL *p. 124*
Cipactonal est ASTROLOGUE.
Va voir Oxomoco en 8.

14. XOLOITZCUINTLE *p. 125*
SCHAPENDOES est absent et possède 11 lettres.
Va en 11.

15. MACUILXOCHITL *p. 126*
Achtli a moins de points que Echtli, qui en a moins que Ochtli, qui en a moins que Uchtli. Le gagnant est donc Uchtli. Coatlicue se trouve en 22.

16. HUITZILOPOCHTLI *p. 127*
TECCIZTECATL en 6.

17. LE DRAKKAR *p. 128*
Xolotl est en 9.

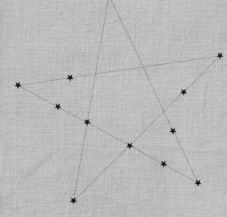

18. LA PIERRE DE SOLEIL *p. 129*
Il y a 3 morceaux. Va en 3.

19. TLAHUIZGALPANTECUHTLI *p. 130*
Voici une manière de remplir la porte de chiffres.
Huitzilopochtli est en 16.

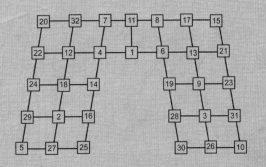

20. LA PYRAMIDE COLORÉE *p. 131*
« va chez le marchand de vêtements » : va en 2.

21. LES NÉNUPHARS *p. 132*
VA VOIR UN AIGLE MANGEANT UNE
FIGUE SUR UN CACTUS. Il se trouve en 4.

22. COATLICUE *p. 133*
Ils sont 10 serpents différents. Rends-toi en 10.

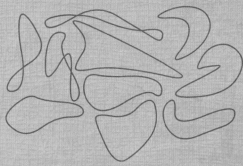

23. LA PORTE DE MICTLANTECUHTLI *p. 134*
SILEX - VAUTOUR - SINGE - MORT - LAPIN
- CERF - MAISON - FLEUR.

Le chiffre secret se trouve dans la porte de Mictlantecuhtli.

YUCATÁN, LA MYSTÉRIEUSE

1. LE CRATÈRE DE CHICXULUB *p. 138*
EXCHITZLA : n°13.

2. LE CÉNOTE SACRÉ *p. 139*

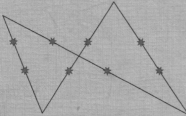

Rends-toi à la pyramide de Chichen Itza en 12.

3. LE CHAKANA MAGIQUE *p. 140*
Cet assemblage est différent et ne peut pas recouvrir
le premier si on le tourne sur lui-même.
Le pavage piège est en 17.

4. LE PORTIQUE DE KABAH *p. 141*
Dans chaque mot, les consonnes sont grises quand
elles suivent une voyelle. Il faut donc griser le M de
TEMPLE et se rendre au temple de Labna en 15.

5. LA CREVASSE DES SYMBOLES *p. 142*
Le message de Cascajal est en 21.

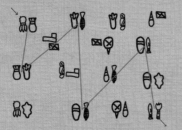

6. LE TEMPLE AUX 7 VISAGES *p. 143*
14 multiples écrits avec 2 chiffres connectés :
07 - 14 - 21 - 28 - 35 - 42 - 49 - 56 - 63 - 70 - 77 - 84 -
91 - 98. Va donc voir l'Olmec en 14.

7. LE SAPOTIER *p. 144*

N°19 :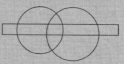

8. CHAC-MOOL *p. 145*
Il y a 11 zones élémentaires différentes.

Rends-toi au poteau indicateur en 11.

9. LE MUR DE MASQUES *p. 146*
Va à la crevasse des symboles en 5.

10. LA NAVETTE *p. 147*
VAISSEAU - SAUVAGE - AGITER - TÊTU -
TULIPE - HYPER - PERSONNE - SONNERIE
- RIVAL - VALLÉE - LÉGER - GÊNA -
NAVETTE.
Va voir l'homme-papillon en 22.

11. DISTANCES LOGIQUES *p. 148*
La distance de chaque ville est le rang de sa lettre
centrale. Pour Uxmal : M vaut 13. Rends-toi à la
navette n°10.

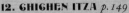

12. CHICHEN ITZA *p. 149*
La lettre V étant absente, VÉNUS ne peut pas être écrit. Rends-toi au portique de Kabah en 4.

13. EXCHITZLA *p. 150*
Il faut avancer toute les 3 lettres.
COAHUILACÉRATOPS : n°16.

14. OLMEC *p. 151*
8 car chaque O conduit à 2 L possibles puis chacun à un seul ME puis à 2 C. 2 x 2 x 2 font 8.
Le Yuka-ku est en 20.

15. LE TEMPLE DE LABNA *p. 152*
1 + 2 + 4 - 5 + 6 - 7 + 8 + 9 = 18 (attention : il n'y avait pas de 3). Va au Souterrain en 18.

16. LE COAHUILACÉRATOPS *p. 153*
VA AU LOIN PRÈS DU SAPOTIER MANGER UN CHEWING-GUM . Va au Sapotier : n°7.

17. LE PAVAGE PIÈGE *p. 154*
Il y en a 6. Rends-toi au temple des 7 visages.

18. LE SOUTERRAIN *p. 155*
Ta destination finale est bien CHICXULUB, page 138, qui coïncide géographiquement avec ton point de départ. Mais c'est le vaisseau que tu dois approcher en 23.

19. L'ARCHAEOPTERYX *p. 156*
Le nombre affiché est 74 976. Va à l'énigme n°9.

20. LE YUKA-KU *p. 157*
Rends-toi au Cénote sacré en n°2.

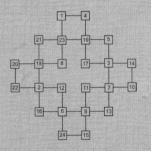

21. CASCAJAL *p. 158*
Il y a 62 signes, et la somme des chiffres est 8.
Rends-toi à Chac-Mool.

22. L'HOMME-PAPILLON *p. 159*
CHERCHE LE CHAKANA MAGIQUE QUI TE PROTÈGERA POUR LA FIN DE TON VOYAGE.
Le Chakana magique se trouve à l'énigme n°3.

23. L'ADIEU AUX ASTRONAUTES ET À LEUR VAISSEAU *p. 160*
SODIUM TANTALE IRIDIUM COBALT FER ZINC OR ETAIN PLOMB ARGENT OSMIUM

Le chiffre secret se trouve dans le cratère de Chicxulub.

jeu final
RQLQPZ QTO HU XYQQA FZ KZPMOZ B'NO
213465 213 46 52134 65 213465 2 13
TROUVE SUR LA CARTE LE MASQUE D'OR

AN XMMPALQC-KB AH HCLLELZ
46 52134652 13 46 5213465
ET CONSERVE-LE EN MÉMOIRE

AZO EF ZQS QKH GGDK
213 46 521 346 5213
CAR IL EST TON LIEN

IUBGPRA UQCB IA XDCT AQ MJJDFH
4652134 6521 34 6521 34 652134
MAGIQUE AVEC LE DIEU DU SOLEIL

Pour ce jeu, réfère-toi à la carte générale située sur les gardes de l'ouvrage.

Cahokia

Lac du Michigan

Plaine du
serpent à plumes

Mississipi

Désert
de Sonora

Sierra Madre Orientale

Aztawaku

Sierra Madre Occidentale

Yucatán

Ixkxlal

Sierra Madre del Sur

Empires du Soleil,
peuples des Cités d'Or

Océan Pacifique

Île de
la Tortue